謎解き
関ヶ原合戦
戦国最大の戦い、20の謎

桐野作人
歴史作家

アスキー新書
208

はじめに

「戦争は錯誤の連続」だといわれる。人間は全能ではないから、どんな名将、名参謀であろうと、情勢判断のミスを犯し、予想外の出来事や思わぬ誤算にたじろいだりする。

それが関ヶ原合戦のように、東西両軍二〇万近い大軍の激突であればなおさらだろう。しかも、この合戦は美濃の一盆地だけでなく東北から九州まで全国規模で戦われた。そのため、各地の情報を入手するのも大変で、しかも現代と違って情報伝達に時間がかかるため、情勢が刻々と変化するたびに情報はすぐ古くなってしまう。これでは誤断を犯さないほうがおかしい。

実際、徳川家康《とくがわいえやす》の満を持した会津《あいづ》出陣も西軍挙兵を軽視していたし、中山道《なかせんどう》を進んだ秀忠軍の遅参などはその最たるものだろう。一方、石田三成《いしだみつなり》のほうも毛利輝元《もうりてるもと》が前線に出陣してこなかったこと、分散した軍勢を集中できずに清洲《きよす》城を接収できなかったこと、小早川秀秋《こばやかわひであき》の迷走など、家康以上の誤算つづきだった。結局、最終的な勝利の女神はいかに錯誤を少なくしたか、そして致命的なミスを犯さない者に微笑むのだろう。

さらにいえば、将師のあり方や態度も勝敗を分ける大きな要因だといえる。決戦前日、家康が赤坂《あかさか》に着陣すると、東軍諸勢の士気が一気に上がっている。将師の存在が全軍の潜在能力を引き出す好例である。一方の西軍では毛利輝元が大坂城にこもったままで、将兵の督戦さえしていない。前線の三成は西軍将兵の士気の低さを見て、裏で愚痴をこぼすだけで、士気高揚の手段を講じた形跡はない。前哨戦となった杭瀬川《くいせがわ》合戦の勝利も関ヶ原転陣によって活かせなかった。両軍の将師は好対照だったのである。

関ヶ原合戦は全国各地で戦われたこともあり、その全容をつかむのに困難が伴う。史料は膨大に存在するものの、その割に肝心な点がよくわからないことが多い。たとえば、西軍挙兵のきっかけとなる石田三成と大谷吉継《おおたによしつぐ》との謀議はいつ、どこで行われたのか。安国寺恵瓊《あんこくじえけい》も加わっていたのかどうかとか、石田三成と直江兼続《なおえかねつぐ》の東西挟撃策《とうざいきょうげきさく》はあったのか、あったとすれば、いつ、どの時点で成立したか、など不明のままである。

本書は、いまだ解明されていない部分が多い関ヶ原合戦のなかで、その背景となる豊臣《とよとみ》政権の分裂と崩壊過程、あるいは東西両軍のキーパースンの動向を中心に、重要な疑問や不明点をできうるかぎり、信頼できる史料に基づいて探ろうという試みである。

むろん、私の能力不足もあり、すべてを論じることは到底不可能だが、そのなかで重要と思われる二〇項目に絞り、それを【謎】として時系列に整理しながら解明していくという手法をとった。史料的な制約により解明できないこともあるが、できるだけ真相に迫る努力をしたつもりである。この【謎】はそれぞれ個別的な問題だが、全体を通してみれば、関ヶ原合戦の全容に少しでも迫れるものにしたつもりである。

少し大局的に関ヶ原合戦を考えてみると、この合戦の全過程は家康や三成あるいは輝元が個人の覇権を樹立しようとしたものではなく、あくまで豊臣政権の主導権を誰が、どの勢力が握るかをめぐる政治的・軍事的な闘争として展開されたことである。それゆえに、東西両軍はともに「公儀《こうぎ》」(豊臣公儀)への奉公や「秀頼君御為《ひでよりぎみおんため》」「秀頼様への馳走」を大義名分として掲げたことがそのことをよく示している。

それと同時に、豊臣公儀の中枢だけでなく、全国各地の諸大名の動向がこの合戦の様相を一層複雑にし、地域によっては東西両軍に色分けできない事態も生じている。たとえば、北陸地方では東軍同士と思われた前田利長《まえだとしなが》と丹羽長重《にわながしげ》が戦い、東北地方では伊達政宗《だてまさむね》が同じ東軍の南部信直《なんぶのぶなお》領に侵攻している。

それというのも、「惣無事《そうぶじ》」と呼ばれて豊臣政権の重要政策だった私戦禁止令が政権分裂による東西対立に伴って効力を失い、それまで抑圧されていた諸大名間の「私戦」が公然と復活したからである。このことが諸大名の領国拡張欲を刺激し、しかも、むき出しの「私戦」ではなく、東西両軍がそれぞれ標榜する「公儀」への「奉公《ほうこう》」の手段として正当化されたのである。

本書の叙述の前提として、そのような主と従の二つの視点を考慮に入れて読んでいただけたら幸いである。

なお、本書は前著『真説 関ヶ原合戦』（学研M文庫、二〇〇〇年刊）を大幅に補筆改訂したものである。前著よりかなり読みやすくできたのではないかと思っている。

目次

第二部　関ヶ原前哨戦
―小山評定から家康赤坂着陣―　101

第三部　決戦関ヶ原
―西軍の関ヶ原転進から決戦まで―　175

写真（特記以外）／桐野作人・ブルボンフォトカントリー・上田良治

※本書は『真説 関ヶ原合戦』（学研M文庫・二〇〇〇年）に、その後の研究調査を加え、修正・加筆したものです。

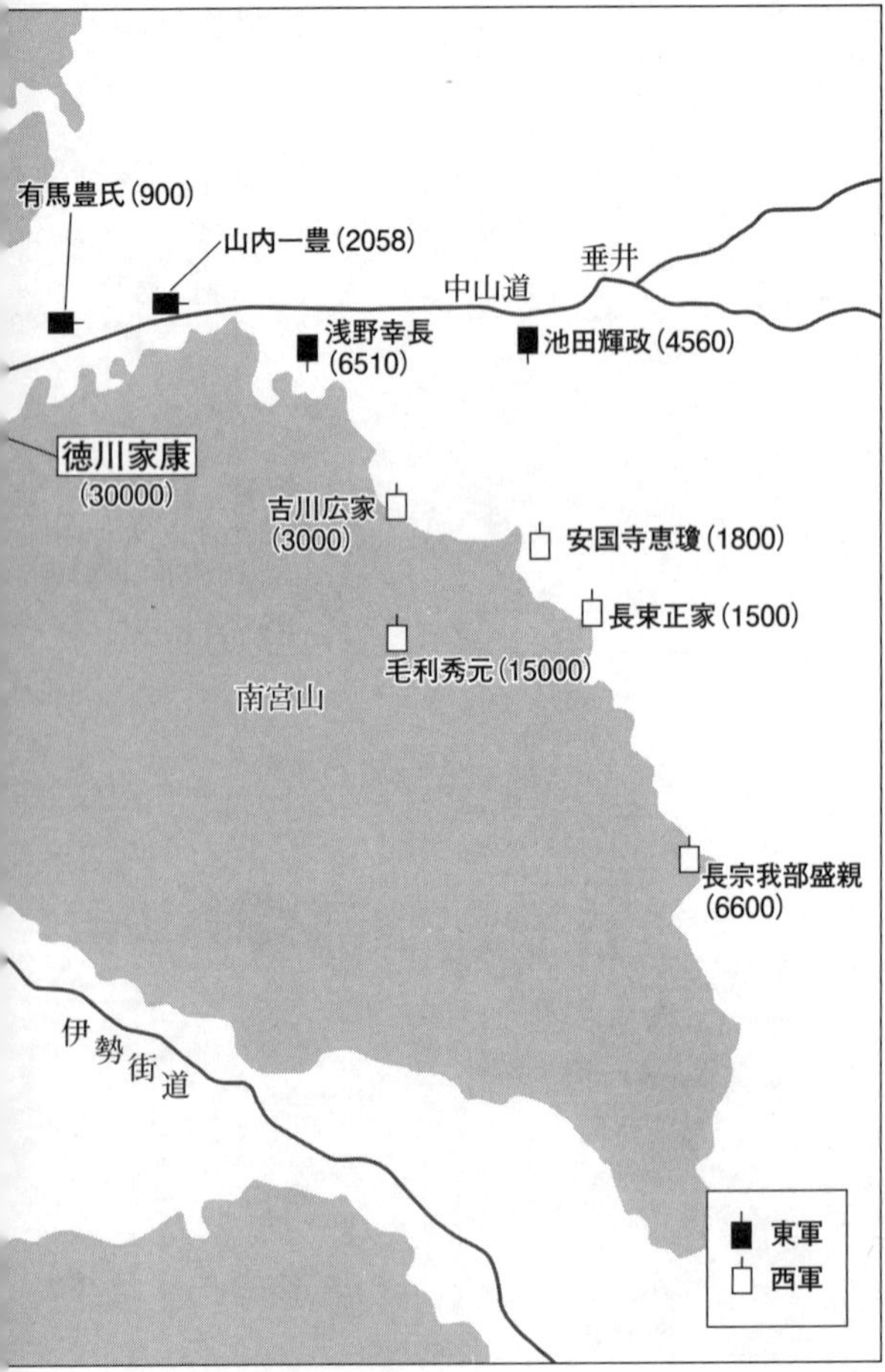

有馬豊氏(900)
山内一豊(2058)
垂井
中山道
浅野幸長
(6510)
池田輝政(4560)
徳川家康
(30000)
吉川広家
(3000)
安国寺恵瓊(1800)
長束正家(1500)
毛利秀元(15000)
南宮山
長宗我部盛親
(6600)
伊勢街道
東軍
西軍

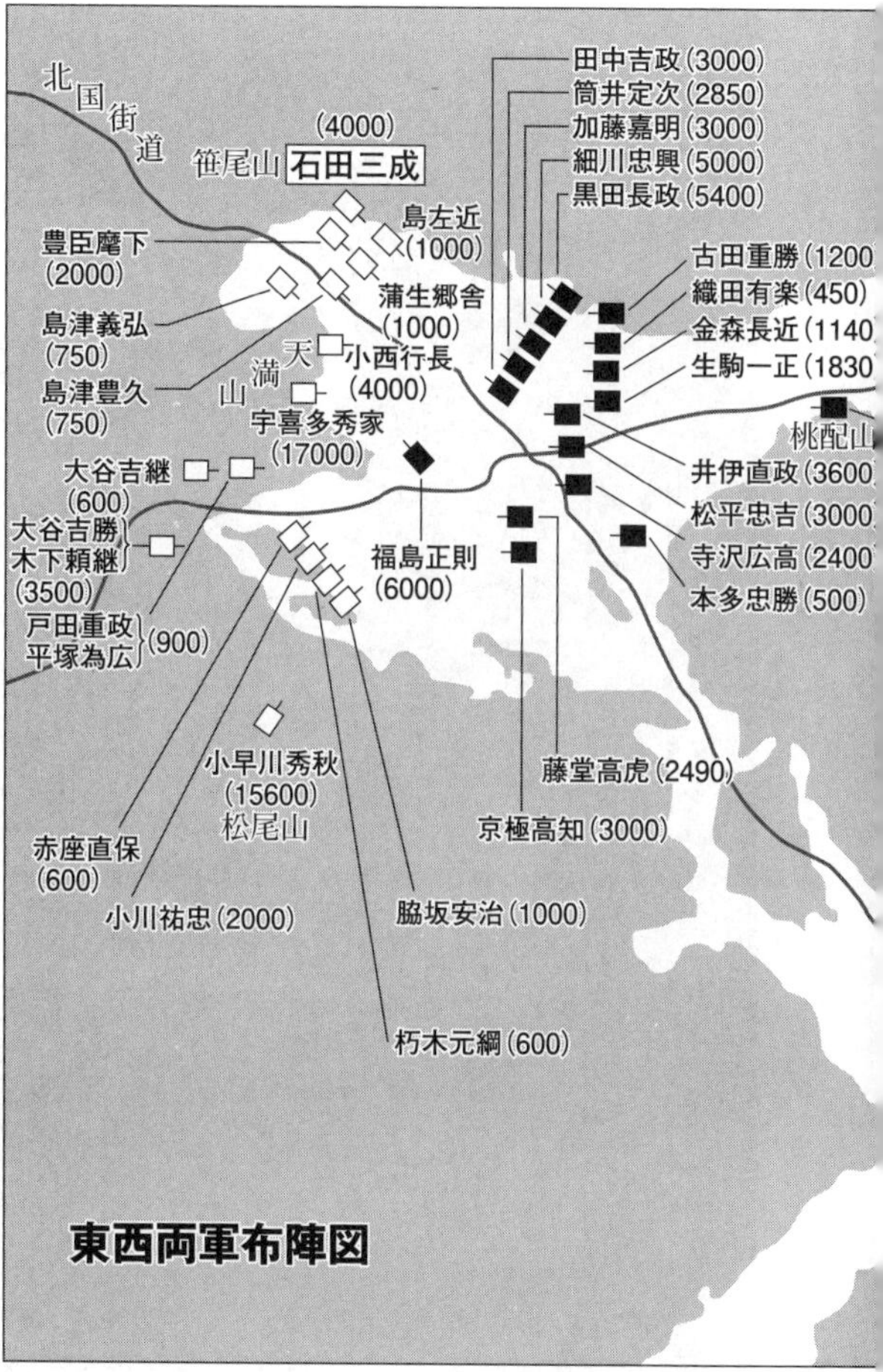
北国街道
笹尾山
(4000)
石田三成
島左近
(1000)
豊臣麾下
(2000)
蒲生郷舎
(1000)
島津義弘
(750)
島津豊久
(750)
天満山
小西行長
(4000)
宇喜多秀家
(17000)
大谷吉継
(600)
大谷吉勝
木下頼継
(3500)
戸田重政
平塚為広
(900)
福島正則
(6000)
小早川秀秋
(15600)
松尾山
赤座直保
(600)
小川祐忠(2000)
脇坂安治(1000)
朽木元綱(600)
田中吉政(3000)
筒井定次(2850)
加藤嘉明(3000)
細川忠興(5000)
黒田長政(5400)
古田重勝(1200
織田有楽(450)
金森長近(1140
生駒一正(1830
桃配山
井伊直政(3600
松平忠吉(3000
寺沢広高(2400
本多忠勝(500)
藤堂高虎(2490)
京極高知(3000)

東西両軍布陣図

関ヶ原古戦場開戦地（岐阜県関ケ原町）

第一部

太閤秀吉の死と豊臣政権の分裂

――「公儀」をめぐる家康と三成の対抗――

【謎1】関ヶ原合戦の原因は何か

朝鮮出兵での遺恨

慶長《けいちょう》三年（一五九八）八月十八日、一代の英雄、豊臣秀吉《とよとみひでよし》が伏見《ふしみ》城で死去した。享年《きょうねん》六十二歳といわれる。

嫡子《ちゃくし》秀頼《ひでより》はまだ六歳と幼少だったので、主《あるじ》を失った豊臣政権はたちまち分裂の危機に見舞われた。その最大の要因となったのは、文禄《ぶんろく》・慶長の役と呼ばれた朝鮮侵略により、いわゆる豊家恩顧《ほうけおんこ》と呼ばれる譜代《ふだい》大名たちの間に深刻な亀裂と対立が生じていたことである。

秀吉は朝鮮に出征した諸大名を監視・監督させるために、石田三成《いしだみつなり》、増田長盛《ましたながもり》、大谷吉継《おおたによしつぐ》の三奉行《さんぶぎょう》を在陣奉行として渡海させ指揮をとらせた。また、三成の支配下で諸大名に対する軍目付《いくさめつけ》となった福原長堯《ふくはらながたか》（三成妹婿《むこ》）らも、諸大名の軍令違反や兵士の過怠《かたい》などを厳しく取り締まって三成に報告した。

とりわけ問題になったのは、朝鮮半島の東北方、咸鏡道《ハムギョンド》に進出した加藤清正《かとうきよまさ》らの行動である。軍功をあせる清正は咸鏡道平定がうまく運んでいるかのような書状を送ってきたが、それが実情とは異なり、清正の敗北が明白だったので、三成や長盛らは清正の「越度《おつど》」（落ち度）は隠れなきことだと秀吉に報告した（北島万次・一九九〇）。

豊臣秀吉（高台寺蔵）

また三成や小西行長《こにしゆきなが》らが明《みん》国との講和交渉を進めているなかで、清正は朝鮮側の領土割譲を強硬に主張し、講和交渉に水を差すように攻勢に出た。そのため、三成は講和交渉を妨害《ぼうがい》されたとして秀吉に訴えた。秀吉の激怒を買った清正は国内に召還され、伏見に蟄居《ちっきょ》処分となった。清正が三成ら奉行衆に反発と憎悪を抱いたのはいうまでもない。

在陣奉行の三成らは秀吉の命を奉じて、豊臣公儀《こうぎ》の立場から峻厳《しゅんげん》な態度で臨んだと思われるが、前線の大名の受け止め方はそうではなかった。前線で苦戦している彼らにすれば、安全な後方で指図している奉行たちに何がわかるかという思いが強かったようだ。

たとえば、関ヶ原合戦で毛利《もうり》勢を不戦中立に導いた吉川広家《きっかわひろいえ》も、三成ら在陣奉行の仕置《しおき》に不満をもっていた。広家の関ヶ原戦後の覚書《おぼえがき》によると、占領地域における在番衆《ざいばんしゅう》は二、三カ国の軍勢で一城を守るという決まりだったのに、広家はわずか八万石の身上《しんじょう》なのにもかかわらず、単独で東萊城《トンネ》を五年間も守らされたのは著しく不当だと訴えているほどだ（『吉川家文書之二』九一八号）。

このように、朝鮮半島での長滞陣と苦戦は前線の諸大名の厭戦《えんせん》気分を高めるとともに、その不平不満の矛先を出兵を強制した秀吉に向けるわけにはいかず、その代わりに、その出頭《しゅっとう》人《にん》たる三成ら在陣奉行に向けられたのである。なかでも、加藤清正・福島正則《ふくしままさのり》・浅野幸長《あさのよしなが》・黒田長政《くろだながまさ》らがその急先鋒《きゅうせんぽう》だった。

のちに東西両軍に分かれた両者は、武断《ぶだん》派と吏僚《りりょう》派、尾張《おわり》派と近江《おうみ》派という形で分類されることが多い。だが、こうしたタイプや肌合いの違いはあったとしても、決してそれだけでは説明がつかない。たとえば、尾張派とされる田中吉政《たなかよしまさ》や藤堂高虎《とうどうたかとら》の生国《しょうごく》は三成と同じ近江であり、加藤嘉明《よしあき》は三河国《みかわのくに》の生まれ、黒田長政は播磨国《はりまのくに》生まれである。だから、両者の対立・抗争の原因は出身や武将のタイプの違いというよりも、あくまで朝鮮出兵における前線と後方、統制される側とする側という立場の違いに起因し、それが三成の主導する出頭人政治への反発という形で政治上の対立に発展したというべきである。

両派の間で深まるばかりの溝は、太閤《たいこう》秀吉の死去により重石《おもし》がはずれると、一挙に加速され、豊臣政権の分裂の危機さえ生じた。

家康VS三成の対抗軸の形成

秀吉死後の豊臣政権の内部には、大きくいって、二つの矛盾・対立が重層的に孕《はら》まれており、それが豊臣政権を崩壊的な危機に追い込んでいた。

ひとつはこれまでみたように、豊家を支えるはずの譜代大名たちの分裂である。それは朝鮮出兵の過程で生じた参陣諸大名たちの三成など奉行衆に対する不満と敵意から引き起こされ、奉行衆の実質的な中心である三成を排除するか否かで分岐した。

そして、もうひとつは政権中枢で起きた徳川家康《とくがわいえやす》と他の五大老・五奉行との対立である。家康はほかの大老や奉行を屈伏させるか排除するかして、豊臣「公儀」を独占しようとした。表高《おもてだか》二四〇万石とも二五五万石ともいわれて、豊臣政権中、最大の大名である家康が秀吉亡きあと、天下への野心を抱いたとしてもおかしくない。かつて、信長の死後、秀吉が織田政権を簒奪《さんだつ》したように。

伏見城模擬天守（京都市伏見区）

この二つの矛盾もはじめは別のものだった。朝鮮から帰国した参陣大名たちの矛先は奉行衆とくに三成に向けられていた。しかし、彼らは三成を政権中枢から排除するのがほとんど唯一の目的であり、それ以降の政権ビジョンまで思い描いていたとは思えない。その意味では、彼らは従来の豊臣「公儀」体制を否定するつもりは毛頭なかったといえよう。

このように、ベクトルが異なる二つの矛盾を強引に結びつけたのは家康である。家康は福島正則ら豊家譜代衆の理解者であるように振る舞い、彼らの三成攻撃に暗黙の支持を与えることで、豊臣「公儀」の基盤を掘り崩す方向に政局を促進した。

それと同時に、家康は反三成派の福島正則・加藤清正・伊達《だて》政宗《まさむね》・蜂須賀《はちすか》至鎮《よししげ》らとの間に私婚《しこん》を結び、自派閥の強化を図った。私婚は太閤遺命に背く重大な法度《はっと》違反だった。これに対して、前田利家《まえだとしいえ》はじめ四大老と五奉行が結束して、家康の違反《いはん》を追及したので、家康も一度は折れざるをえなかった。

だが、家康はすぐ巻き返しに出る。前田利家の死を確かめると、伏見城西ノ丸に入り、秀吉から委託された豊臣「公儀」の執政《しっせい》としての政治権力を堂々と行使する方向に転換した。なお、秀吉の「遺言覚書《ゆいごんおぼえがき》」によれば、家康は伏見城の天守に登る特権を秀吉から許されていた（『浅野家文書』一〇八号）。家康の伏見城入りについて、世上では「天下殿に成《な》られ候《そうろう》」と噂《うわさ》されたほどである（『多聞院日記《たもんいんにっき》』五・慶長四年閏《うるう》三月十四日条）。

家康が採《と》った手法は、自己利益を拡大するために「公儀」権力を恣意《しい》的に行使するものだった。この露骨な政略により、潜在的な敵対勢力となりそうな大名家を分断して力を弱めたり、あるいは新恩給付、分国《ぶんこく》経営への援助、家督《かとく》問題や家臣団統制への介入といった「御《ご》恩《おん》」を与えて、大名を自陣営に引きつける効果が期待できた。

たとえば、毛利輝元《てるもと》の養嗣子《ようしし》を辞退した秀元《ひでもと》の知行地《ちぎょうち》が一門《いちもん》や重臣の抵抗で定まらないことに対して、太閤遺命をもって、長門国《ながとのくに》など一八万石の分封《ぶんぽう》を強制したことがある。また宇喜多《うきた》家のお家騒動でも、主君秀家《ひでいえ》に異議申立の実力行使をした一門や譜代重臣が秀家のもとを退去すると、家康はその多くを庇護《ひご》した。

島津《しまづ》家に対しても、朝鮮出兵における島津義弘《よしひろ》の戦功を賞して、異例の五万石を加増した。さらに三成と関係が深い老臣筆頭の伊集院幸侃《いじゅういんこうかん》を手討ちにした当主忠恒《ただつね》の行為を不問に付して帰国を許した。さらに幸侃の子忠真《ただざね》が挙兵した庄内《しょうない》の乱では鎮圧に手を焼く島津家をみて、講和を斡旋《あっせん》してこれを成就させた。そのほか、細川忠興《ほそかわただおき》・堀尾吉晴《ほりおよしはる》・森忠政《もりただまさ》らにも数万石を加増することで恩恵を与えて、自陣営に誘致している。

これらの政略のすべてが成功したわけではないが、執政の地位を利用して実利をばらまく家康の多数派工作はかなりの成果を挙げたといえよう。

一方、三成はどうだったのか。三成は秀吉の死の直後から、家康を豊臣政権に対する最大の脅威と見定めていた。この信念は他の大老や奉行衆より確固たるものがあった。それゆえ、三成が秀吉死後の政局における一方の軸になるのも当然だった。

三成は二頭のもう一人、前田利家を押し立てて、家康の野心と権勢に対抗するという戦術を採った。これだと、三成に敵意をもつ譜代衆の動きをかなりの程度封じることができる。三成は秀吉の盟友で諸大名に人望の厚い利家を中心に多数派工作を進めたが、秀吉の死からわずか八カ月ほどで今度は利家が死去した。これは三成にとって大誤算だった。

利家という有力な対抗軸が失われると、親三成派と反三成派の力関係が一変した。重石が外れた福島正則ら三成嫌いの強硬派大名七人は、利家の死の直後、軍事行動に訴えて、三成を襲撃するという挙に出る。辛うじて難を逃れた三成は家康の調停により、近江佐和山《さわやま》に退隠せざるをえなくなり、奉行の地位も失うことになった。三成の豊臣「公儀」での足場は失われたのである。

その代わりに、行動の自由を得た三成は本格的に家康打倒の戦略を練る。家康の専横を苦々しく感じていた大老の毛利輝元・宇喜多秀家・上杉景勝《うえすぎかげかつ》らを説得して同盟を結び、これに加えて西国《さいごく》の外様《とざま》大名を糾合《きゅうごう》し、家康を圧倒する陣営を築こうとした。三成は家康に次ぐ石高《こくだか》（表高は一一二万石だが、実高はかなり上回ると思われる）を誇る毛利輝元を盟主に押し立て、自身は参謀的な組織者となった。

このようにして、家康VS三成という新たな対立軸が鮮明となった。三成の立場からいえば、これは決して家康VS輝元ではなかった。なぜなら、秀吉が遺《のこ》した豊臣「公儀」体制を擁護《ようご》するか、それを占拠解体して別の「公儀」に再編成するか、いずれにせよ、その政治意図をもっとも強烈に自覚し、かつ体現しているのは、自分と家康しかいないという思いがあったからである。

それはまた、両派の対決が非和解的、非妥協的であることを意味した。だから、その対立は軍事的な決着に行きつかざるをえなくなる。これが天下分け目の関ヶ原合戦へと発展していくのである。

【謎2】「五大老・五奉行」制はあったのか

「大老」「奉行」の用語への疑問

秀吉の晩年に「五大老・五奉行」制が創設されたといわれ、日本史の教科書にもそのように書かれている。しかし、これは「制度」というほど明確なものではないし、その設置時期も特定できないうえに、権限・職掌《しょくしょう》の分担も曖昧《あいまい》である。人数にしても出入りがある。

たとえば、文禄四年（一五九五）八月三日、諸大名や公家《くげ》に対して布告された「御掟《おんおきて》」と「御掟追加」の連署《れんしょ》が五大老の始まりとされているが、このうち、「御掟追加」の署名者は小《こ》早川隆景《ばやかわたかかげ》・毛利輝元・前田利家・上杉景勝・宇喜多秀家・徳川家康の六人で、一人多い（『浅野家文書』二六五・六六号）。

五奉行にしても、秀吉の死の直前の慶長三年（一五九八）八月には五人が特定されるものの、それ以前においては、五人がそろって連署した文書はほとんど存在しないので、五奉行の成立時期を特定するのは難しく、また常設的な役職であったかも不明である。

それにもまして不思議な点がある。これまで自明のことと思われていた「大老」と「奉行」がそれぞれ誰を指すのか、じつははっきり確定していないことである。どういうことかといえば、たとえば、当時の文書のなかで、「大老」という言葉は使用されていないし、石田三成は「年寄《としより》」あるいは「奉行」といわれており、一定していない。

この点について、たとえば、関ヶ原合戦における西軍の宣戦布告といえる「内府《ないふ》ちがひの条々」（七月十七日付）には「五人の御奉行・五人の年寄共、（中略）年寄共のうち弐人《ふたり》追ひ籠《こめ》られ候事」とか「五人の奉行衆のうち、羽柴肥前守《はしばひぜんのかみ》事」云々《うんぬん》という表現がみられる。これからわかることは、失脚に追い込まれた二人の年寄とは浅野長政《ながまさ》と石田三成のことであり、また羽柴肥前守は前田利長《としなが》だから、利長は奉行衆の一人ということになる（『新訂 徳川家康文書の研究』中巻ほか）。

このように、従来の「五大老・五奉行」という通説に対して、「奉行（大老）」と「年寄（奉行）」の用語が逆転した関係にある事例が数多くみられることを指摘したのは阿部勝則氏である。阿部氏はむしろ「五奉行・五年寄」と呼ぶべきではないかと提案している（阿部・一九八九）。阿部氏によれば、徳川家康や前田利家らが「奉行」であり、石田三成や浅野長政らが「年寄」だというのである。

阿部氏の説はまさにコロンブスの卵のような画期的な新説にみえたが、最近では反論も出ている。堀越祐一氏は阿部氏の新説に対して、従来の通説どおり、いわゆる五奉行を「奉行」とする史料が存在することを挙げている（堀越・二〇〇三）。

たとえば、「豊臣秀吉遺言覚書案」には「奉行共《ども》五人のうち徳善院《とくぜんいん》・長束《なつか》大（大蔵大輔）両人は一番にして、残る三人のうち壱人《ひとり》づつ伏見城留守居《るすい》候事」云々とあり、明らかに前田玄以《げんい》や長束正家《まさいえ》らを奉行としている（『古文書集《こもんじょしゅう》』三）。

また徳川方にも同様の文書が存在する。野州《やしゅう》小山《おやま》に家康が在陣していた頃、老臣の榊原《さかきばら》康政《やすまさ》が秋田《あきた》実季《さねすえ》に宛てた書状（七月二十七日付）には「大坂よりお袋《ふくろ》様并《なら》びに三人の奉行衆、北国《ほっこく》羽肥州《（前田利長）》など、早々内府上洛致《じょうらくいた》さるる、尤《もっと》もの由《よし》申し来たり候」云々とあり、三人の奉行衆とは明らかに前田玄以・増田長盛・長束正家を指している（『新訂 徳川家康文書の研究』中巻）。

これらの事例から、阿部説が絶対とはいえなくなった。堀越氏は「秀吉死後、豊臣政権の中枢に位置し、かつ基本的に豊臣政権を保全しようとした者が『五大老』を『奉行』と呼んでいたのに対して、『五奉行』を『奉行』と呼んでいたのは、政権の中枢にいない者、徳川家康、及びこの時期飛躍的に上昇していった家康の権威を認めこれに従う者」だと結論している（堀越前掲論文）。

要するに、対立する両陣営において、互いに相手を「奉行」と呼び合っていることになる。この事実は、奉行が主君の命を奉じるだけの実務官僚にすぎず、決定権をもたない役職であるのを強調することで、対立する相手を自分より下位に位置づけようとする政治的な用語であることを示している。

つまり、当時においては、「奉行」が誰であるかは特定できないし、ましてや「大老」という言葉も存在しないのである。かといって、これでは不便なので、便宜《べんぎ》上、通説に従った「五大老・五奉行」という歴史用語を使用したい。

「二頭↔五奉行」体制

ところで、阿部氏の所説のなかにもうひとつ注目すべき一節がある（阿部・一九八九）。「二巨頭体制―徳川家康と前田利家―」というものだが、詳しい論及はないものの、秀吉死去の前後から、五大老・五奉行のなかで、家康と利家が格別の地位にあることに注意を喚起《かんき》している。

この点で想起されるのは、文禄四年（一五九五）七月、関白秀次《かんぱくひでつぐ》の改易《かいえき》事件である。秀吉がみずからの後継者を死に追いやったこの事件は、諸大名を動揺させ、秀吉の威信のみならず、豊臣政権の全国統治権をも揺るがせかねなかった。秀吉は求心力の低下を補強するために、大身《たいしん》の旧族大名（旧戦国大名）を政権中枢に取り込まざるをえなくなった。
同年七月、徳川家康・毛利輝元・小早川隆景の連署による起請文《きしょうもん》が提出された。その前書《まえがき》案で、三人は「御《お》ひろい様」（秀頼）に対して「表裏別心《ひょうりべっしん》」のないことと、「太閤様御法度・御置目《おきめ》」を守ることなどを誓っている。そして、重要なのが次の一項である（『毛利家文書之三』九五八号）。

坂東《ばんどう》法度・置目・公事篇《くじへん》、順路憲法の上をもって、家康申し付くべく候、坂西《ばんせい》の儀は、輝元并《なら》びに隆景申し付くべく候事。

つまり、関東の仕置は家康に、西国の仕置は輝元と隆景に委任するという内容なのである。秀吉は東の家康と西の毛利（輝元＋隆景）を通じて全国的な統治権を行使しようとしていた。徳川と毛利を豊臣政権の両翼に組み込むという体制が実際に機能したかどうかはこの際、別問題である。ここでは、両者が格別の地位にあったことと、秀吉が諸大名にそのように認識させたことが重要なのである。
その証拠もある。いわゆる五〜六人の「大老」が「御掟」「御掟追加」に連署したのは、この起請文の提出後であることである。すなわち、家康と毛利両川は「大老」のなかでも上

【文禄四年体制】

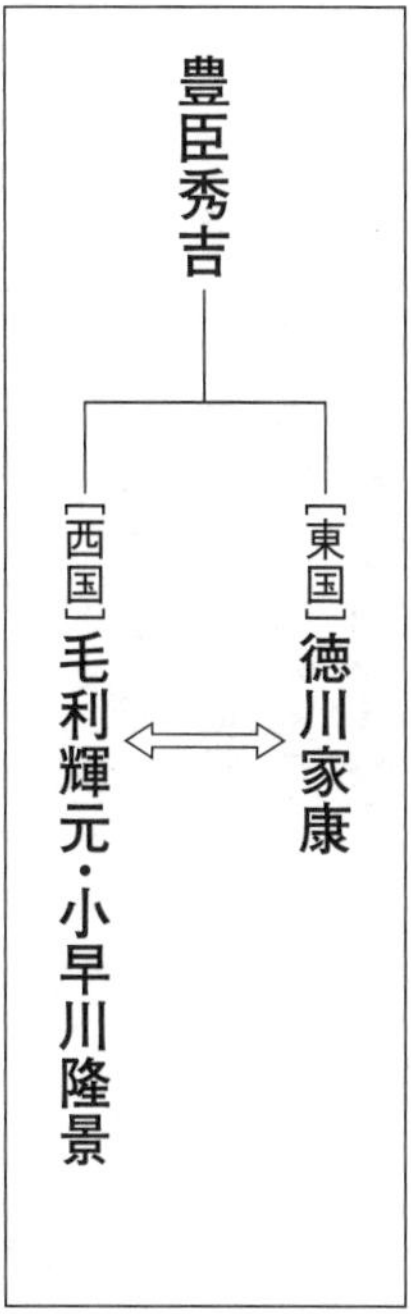

【二頭⇕五奉行体制】

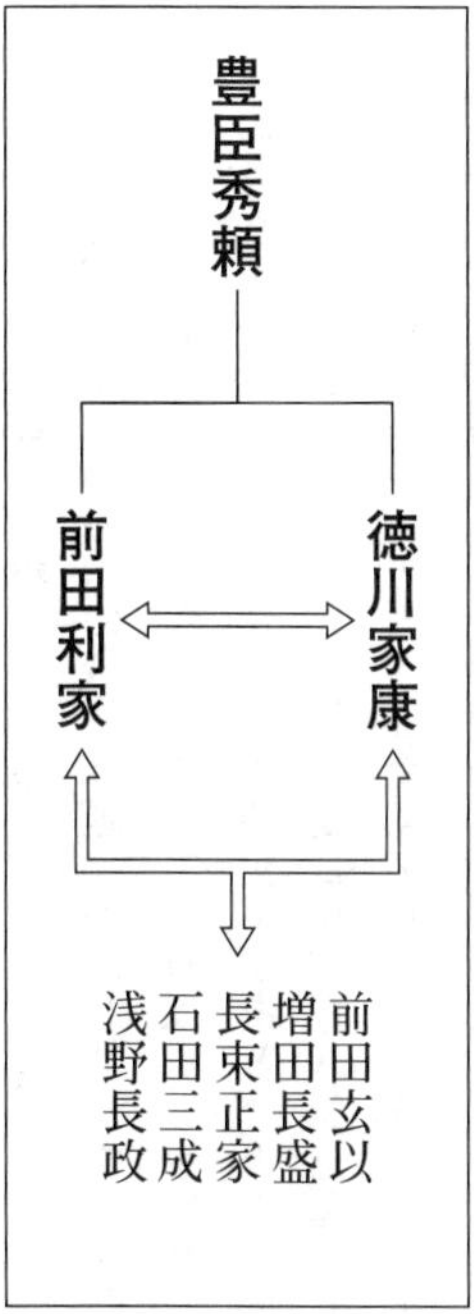

位・先任であったことを示している（『新訂 徳川家康文書の研究』中巻同年八月二日、三日）。

ところで、豊臣「公儀」の最高意思を決定し執行する機構は「五大老・五奉行」制であるというのが通説である。だが、果たしてこれは実態を反映した用語なのであろうか。

そのことを検証する手がかりとなる史料がある。五奉行の一人だった浅野家に遺る「豊臣秀吉遺言覚書」というもので、名称どおり、秀吉が五大老・五奉行宛てに語ったと思われる遺命を書き留めたものである。各条文が五大老と五奉行に宛てられている。なお、引用中、五大老は「御奉行五人」、五奉行は「年寄共五人」「おとな五人」などと呼ばれている（『浅野家文書』一〇七号）。

内容もさることながら、この覚書の構成が興味深い。全一一カ条であるが、それぞれの条目の宛て先が特定されている。そのメンバーと順番をみてみよう。

第一条　徳川家康（秀頼の妻の祖父）
第二条　前田利家（秀頼の傅役《もりやく》）
第三条　徳川秀忠《ひでただ》（秀頼の舅《しゅうと》）
第四条　前田利長（秀頼の傅役）
第五条　宇喜多秀家

第六条　上杉景勝・毛利輝元
第七条「年寄共五人」（＝五奉行）
第八条「年寄為五人《ごにんとして》」（＝五奉行）
第九条　家康・利家の合意形成重視
（以下二カ条は略）

以上からいえる第一の特徴は、五大老といっても決して同格ではなく、第一条と第二条にあるように、秀吉は家康と利家の二人を格別の地位に置いていたことがわかる。いわば、家康と利家の二頭体制である。また第八条には「御算用」（財務）については、五奉行が家康と利家の了承を得て、その請取を取るように指示されている。さらに第九条には「何たる儀も、内府・大納言《だいなごん》殿へ御意《ぎょい》を得、その次第相究《しだいあいきわ》め候《そうら》へ」とあり、豊臣「公儀」の最高意思が家康と利家の合意形成に基づくことを強調している。

第二の特徴は、第一条から四条にあるように、家康父子と利家父子が特別に重要視されている点である。家康・秀忠父子は秀頼と姻戚《いんせき》（義理の祖父と舅）であること、利家・利長父子は秀頼の傅役であることがそれぞれ強調されていて、両家が豊臣政権の両輪に位置づけられているのがわかる。とくに注目されるのは、秀忠と利長の二人が他の大老より上位に置かれていることである。

第三の特徴は、家康・利家の二頭を五奉行（年寄共五人）が監視・牽制《けんせい》する機能をもっていることである。家康と利家に宛てた遺言覚書二カ条には、それぞれに共通した文言《もんごん》がある。家康の条では「大納言殿（利家）・年寄衆五人（五奉行）居《お》り申す所にて、（秀吉が）度々仰《たびたびおお》せ出《いで》され候事」云々とあり、利家の条では「内府（家康）・年寄五人居り申す所にて、（秀吉が）度々仰せ出され候事」云々とほぼ同文になっている。前後の文脈がないとわかりにくいが、二人がそれぞれ秀頼をおろそかにしないように、他の一人と五奉行が証人となるという内容である。これにより、家康と利家が互いに監視し合い、かつ二人を五奉行が監視する仕組みになっていることに気づく。

従来、秀吉の最晩年からその死後、豊臣「公儀」は「五大老」同士が並列的に扱われ、「五大老→五奉行」という形での意思決定・実務執行体制とされていたが、これは図式的な理解ではないだろうか。

その実態をみると、むしろ「家康↕利家」の二人を頂点にして補佐役の五奉行が加わる七人が、秀吉亡きあとの豊臣「公儀」を構成する中核メンバーとして想定されていたと思われる。となれば、宇喜多秀家・上杉景勝・毛利輝元の三「大老」は豊臣「公儀」の補助的メンバーに留《とど》まると考えたほうがよい。

その証拠はいくつかある。まず景勝と輝元の二人は秀吉死後、在国していることが多いこともあって、いわゆる大老連署状にも名を連ねていない場合が多い事実である。これでは、「公儀」中枢メンバーとしての資格に欠けるといわねばならない。

また秀家についても、家康や利家と同列に置くのは無理がある。秀吉の秀家宛て遺言覚書に「御奉行（大老）五人にもお成り候へ、又《また》おとな（奉行）五人の内へもお入り候て」とあり、大老・奉行のどちらの役目も果たし、かつ「贔屓《ひいき》偏頗《へんぱ》なしにお肝煎《きもいり》」と大老と奉行の間の調整役を期待されている。これは秀家の調停能力が買われたというより、若年《じゃくねん》で政治経験不足だから、大老と奉行の間にあってその仕事ぶりを勉強させる一種の〝見習い〟的な位置づけと思われる。

輝元についても同様である。中国一一二万石の太守《たいしゅ》ながら、叔父《おじ》の小早川隆景の死後、大老としては先輩の二頭に劣るばかりか、奉行の三成にも頭が上がらなかった事実がある。輝元が秀吉の死の直後、四奉行（浅野長政を除く）に提出した起請文に対して、三成がこれを事前に添削・加筆している事実がある（『毛利家文書之三』九六二号）。ここに大老たる輝元と奉行衆きっての実力者三成との指導―被指導という関係がよく表れている。

では、「家康↔利家」という二頭体制の実態はどのようなものだったのだろうか。豊臣「公儀」が太閤秀吉の専権・独裁体制から、一種の合議制に移行したわけだが、その分、「公儀」としての一体性を維持する基盤がきわめて弱くなってしまった。意見の対立があれば、即、政権分裂に直結する可能性があるからである。

秀吉は自分の死後、おそらく家康が台頭するであろうことを予感し、秀頼の将来のために家康の専横を抑止する機能を豊臣「公儀」に埋め込んだ。それは家康ともう一人の有力大老である利家との相互牽制であり、かつ二人と五奉行の相互牽制という装置だった。豊臣「公儀」は表面上の危うい合意体制の陰に、この二重の対抗関係が孕まれていたのである。

では、秀吉が秀頼後継を確固たるものにするために目論《もくろ》んだ「二頭↕五奉行」体制はうまく機能したのだろうか。結論からいえば、次々と誤算が生じて、次第に家康の台頭を許すことになった。

はじめ秀吉は利家よりも毛利に期待していた。慶長元年（一五九六）閏九月、隆景が朝鮮出兵から帰国したのち体調を崩して事実上の隠居状態になったので、「家康↕毛利」体制は体《てい》をなさなくなった。秀吉は隆景の後見がない輝元の力量をあまり評価していなかったと思われる。

輝元・隆景の代わりに白羽の矢が立ったのが前田利家だった。慶長元年五月、秀吉は家康を権大納言《ごんのだいなごん》から内大臣《ないだいじん》に昇進させるのとほぼ同時に、利家も権中納言から権大納言へと昇進させた。利家はそれまで徳川秀忠や宇喜多秀家と同じ中納言だったから、これにより、「家康↕利家」が官位上も他の大老より抜きん出ることになった。

秀吉は死期を悟ってからも、この「家康↕利家」の二頭体制の存続こそが豊家安泰の担保だと信じたかったようである。その「遺言覚書」にも「何たる儀も、内府・大納言殿へ御意を得、その次第に相究め候へ」とあるのがそれを物語る（『浅野家文書』一〇七号）。

しかし、その願いも空《むな》しく、秀吉の死からわずか八カ月後の慶長四年（一五九九）閏三月、利家も秀吉のあとを追うように没した。秀吉の最後の秘策は早くも目算が外《はず》れたのである。

利家の死去により、残る一頭である家康が専権を振るうようになった。この事態を説明するのに、家康が「五大老」の筆頭だったからとするのが常だが、むしろ「家康↕利家」体制の片翼がなくなってしまった当然の帰結といえないだろうか。

そして関ヶ原合戦である。石田三成には家康のように豊臣政権を乗っ取る野心など毛頭なかった。秀吉が秀頼を守るために遺した体制を維持・存続させることこそが一義であり、その障害となる家康を排除するために武力による決着に訴えたのである。

一方、これを毛利輝元の立場からみると興味深い。輝元は二頭体制の一員としては秀吉の信任を得られなかったが、この機に乗じ、三成をはじめとする奉行衆の支援を得て、自らが主導しての二頭体制の再構築に乗り出したともいえる。輝元が西軍の総大将に祭り上げられながらも、家中の分裂により大坂城から動かなかったので、日和見《ひよりみ》主義とか優柔不断《ゆうじゅうふだん》と批判されることが多い。一面においては妥当な指摘だと思うが、もしかすると、輝元には三成と異なる思惑《おもわく》があったのかもしれない。

すなわち、家康を葬《ほうむ》り去るというよりも、三成らを利用して家康の専制的地位を低下させ、自らが優位に立った「輝元↕家康」体制を築ければよいというのが大坂城入りの目的だったのかもしれない。もしそうだとすると、家康打倒をめざす三成など西軍諸将との間に決して小さくない思惑の食い違いが生じていたことになり、ここに西軍の結束力が乱れた最大の要因が潜んでいたという見方もできるだろう。

毛利輝元が入城した大坂城（大阪市中央区）

【謎3】前田利家・利長父子は家康と対決するつもりだったのか

傅役利家の意地と限界

太閤秀吉が没したとき、徳川家康に唯一対抗できる人物と目されたのが前田利家だった。利家はあくまで秀吉の遺命に忠実であろうとした。事実、慶長四年（一五九九）正月十九日、家康が豊家譜代の大名たちと私婚を結んで秀吉の遺命に背いたとき、利家は他の大老や奉行と連携して、家康の専横を一度は阻止《そし》している。

その後、二月五日になって、家康と利家ら四大老・五奉行の間で誓詞《せいし》が交換されて、一応事態が収拾《しゅうしゅう》されたが、両者の和解には至らずにいた。その理由として、石田三成が利家に家康の野心を讒言《ざんげん》したといわれるが、利家自身も家康に不信の念を抱いていたものと思われる。

両者の不和を心配したのは姻戚の細川忠興である。忠興の嫡男忠隆《ただたか》は利家七女千世を娶《めと》っていた。その姻戚関係から、忠興は前田利長を説いた。利長は家康と父利家の仲が悪ければ

「秀頼様御為《おんため》悪《あ》しく候」という理由から、家康を訪ねて和解を申し出たので、家康もそれを受け容《い》れた（「菅利家卿《かんとしいえきょう》語話《ごわ》」）。

これにより、両者の相互訪問が決まり、まず二月二十九日、利家が折からの大病をおして、大坂から上り伏見の家康を表敬訪問した。このとき、利長が同行を願い出たが、利家がことのほか腹を立てたという。

右同書によれば、利家は「家康此度《こたび》我等をきら《(斬)》ぬは百に一、きるは必定《ひつじょう》、その時人数そろへ置き、そのまま出《いで》て弔合《とむらい》戦して勝利を得《え》候はんか」と述べたという。利家は家康に斬られるのも覚悟の上であり、もしそのようになれば、家康を討つ大義名分ができると、利長を諭したというのである。そのため、利長は同道せず大坂で留守を預かることになった。

これは余命幾ばくとてない利家の最後の賭《か》けにみえる。しかし、利家の心情を忠実に反映しているかといえば、疑問もある。というのは、このとき、利家には細川忠興のほか、加藤清正・浅野幸長が警固のために同道していた。もし家康が利家を殺害しようとすれば、彼らが黙っていないから、家康にそこまでの決断ができたとはとても思えない。この二頭会談で何が話し合われたかはよくわからない。利家は自分の台所衆を家康邸の料理所に入れて毒味をさせたというから、かなり緊張感が漂っていたのはたしかである。

のちに三成を襲撃する武断派の七人衆などは反三成という点では一致していたものの、だ

利家居城の金沢城（石川県金沢市）

からといって、この時点で必ずしも家康を全面的に支持していたとはいえないようである。この第一次会談では、加藤清正・浅野幸長・細川忠興が利家の警固を買って出たが、ほかに加藤嘉明も利家に近かったようである。

一方、家康側に馳《は》せ参じたのは、福島正則・黒田如水《じょすい》・同長政・池田輝政《いけだてるまさ》・藤堂高虎・森忠政・有馬則頼《ありまのりより》・織田有楽斎《うらくさい》などだった。二度目の会談では、三成・行長らによる襲撃の噂が流れたので、家康の警固のために諸大名が駆けつけた。このうち、福島正則・池田輝政・黒田長政・藤堂高虎らは家康との密談に招かれたが、加藤清正・同嘉明・浅野幸長・細川忠興らは遠ざけられて、「両加藤（清正・嘉明）・細川・浅野は毎日来《きた》れ共《ども》、利家に睦《むつ》き故《ゆえ》、ご隔心《かくしん》にやありけん、表に謁《えつ》せられる」という状態だった（「武徳安民記《ぶとくあんみんき》」）。

つまり、反三成の豊家譜代衆といっても、家康に対する態度では温度差があったのである。これが最終的に家康陣営に糾合されることになったのは、利家の死後である。つまり、加藤清正・浅野幸長らは家康に屈伏したともいえよう。

三月八日、今度は家康が伏見から大坂の利家邸を訪れ、病中の利家を見舞った。折から石田三成や小西行長らが家康を襲撃するという風聞《ふうぶん》が立ったので、家康は用心のために藤堂高虎の乗り物を使ったほどである。

すでに死期を悟っていた利家はもはや家康と事を構える気力がなく、嫡男利長の前途を家康に依頼するしかなかった。二人の対面を前田家側の『加賀藩史料《かがはんしりょう》』第一編収録の史料では次のように記している。

「はや是《これ》が暇乞《いとまごい》、死にまする、肥前《ひぜん》（利長）事頼み申し候」（「陳善録《ちんぜんろく》」）。

「肥前守利長の御事、お互に如在《じょさい》なく申し分ご契約在《あ》りて」（「関屋政春古兵談《せきやまさはるこへいだん》」）。

「瑞龍公《ずいりゅうこう》（利長）へお目を掛けられ下され候へ、（中略）ご縁者に成られ候へとご落涙にて仰せ」（「新山田畔書《しんやまだくろがき》」）。

まさに秀吉の大往生を彷彿《ほうふつ》とさせるような弱々しい状態だった。

ところが、これとは対照的な異説もある。家康が病気見舞いで来訪するのを好機とみて、利家はひそかに家康暗殺を謀《はか》っていたというのだ。

『古心堂叢書利家公夜話首書《こしんどうそうしょとしいえこうやわしゅがき》』によれば、利家が利長に「家康が入来《じゅらい》したら、どうすればよいか心得ているか」と尋ねると、利長は「今朝から馳走《ちそう》の支度《したく》を命じておきました」と返答した。この場はそれで終わったが、家康が帰ったあと、利家が布団《ふとん》の下から抜き身の太刀《たち》を出して利長に見せ、「おまえに心得えているかと尋ねたのは、もし器量が備わった返答をすれば、即座に家康をこの刀で只今《ただいま》刺し殺したものを。おまえは天下を手に立つ者ではない」と嘆息《たんそく》したという。

利家が最後の好機をとらえて家康を葬ろうと考えていたとすれば、まことに興味深いが、にわかには信じがたい。『石川縣史』も「毫《ごう》も信を措《お》くこと能《あた》はず」と否定している。

いうまでもなく、利家は秀吉に寄り添う形で前田家を大身の大名に押し上げて、みずからも家康に匹敵する地位まで上ってきた。しかも、秀頼の傅役という立場にありながら、利長の天下人としての器量を云々するのは、みずからの処世を顧《かえり》みて驕慢で自己否定に等しい。むしろ、利家は家康の存在が豊家にとって危険であるか否かの判断を停止して、利長の将来と自家の保存を優先させたというのが、家康との二度にわたる会談の結末ではなかったのか。

その意味で、利家亡きあとの利長が一貫して家康と対決姿勢をとっていないのも、父の既定方針を継承したとみるべきであろう。

両雄の二度目の会談からしばらくして、利長が家康を訪問している。家康がその旨を利家に報告した書状（三月十九日付）には「先日は肥前守《（利長）》殿お出《い》で候、心静かに本望《ほんもう》を申し承《うけたまわ》り存じ候」とある（『新訂 徳川家康文書の研究』中巻）。

家康は余裕綽綽《よゆうしゃくしゃく》である。すでに利長を懐柔したという思いがあったのであろう。利家はやはり家康に敗北したのである。

利長の屈服――「二頭」体制の解体

慶長四年（一五九九）閏三月三日、利家が死去した。その死とともに、前田家中には小さくない亀裂が走った。

翌四日、利家の老臣だった徳山五兵衛《とくのやまごへえ》（則秀《のりひで》）が出奔して、家康の庇護をうけた。五兵衛はもと柴田勝家《しばたかついえ》の家老《かろう》格で、賤ケ岳《しずがたけ》の戦いののち、利家の寄騎《よりき》となっていた。前田家の記録「備忘録《びぼうろく》」によれば、出奔の理由は家康への内通である。五兵衛は家康に娘を差し出して、利家父子の密談を家康にひそかに注進していたという。

またわずか一週間後の閏三月十日には、老臣の片山伊賀守《かたやまいがのかみ》が利長に上意討《じょういう》ちにされた。その理由は、伊賀守が利家から家康暗殺の密命をうけたのに、逆に利家を諫言《かんげん》してそれを思い止《とど》まらせたことによる。このような前田家の機密を知っている以上、いつ何時「かへ《（返）》り忠《ちゅう》

（裏切り）もやいたさん」と利長が思案して、二人の家来に命じて討ち取らせたという（「三《み》壺記《つぼき》」)。利長を中心とする前田家中には、家康への対抗心がまだ残っていたということであろうか。

五月二十九日、利長の家督相続の祝宴が開かれ、家康も招かれたが、「霍乱《かくらん》」(急性腸炎や暑気あたりなどの症状)を理由に本多忠勝《ほんだただかつ》を代理出席させた(「天寛日記《てんかんにっき》」)。これは家康が暗殺の危険を避けたためといわれる。和解が成立したとはいえ、両者の間にはまだ緊張感がみなぎっていた。

ところで、利家は死に臨んで、利長に宛てた遺言を残した(「高徳公遺誡《こうとくこういかい》」)。その第一条には次のようにある。

「利政《としまさ》(利長の弟)を金沢《かなざわ》に下し留守居に置き、兄弟の人数おおかた一万六〇〇〇人ほどあるうち、八〇〇〇人を大坂に詰めさせ、金沢に置く残りの半分は利政に下知《げち》させるよう命じられ、もし上方《かみがた》に非難すべきことが起こり、秀頼様に対して謀反《むほん》する者があれば、八〇〇〇の人数を利政が率いて上洛して一手に合流すること」。

これは、秀頼傅役としての前田家の立場と行動を具体的に指示したものだった。また別の条に「三年加州《かしゅう》へ下り申す義無用に候」ともあったから、利家亡きあとの豊臣政権に予想される混乱に対して、あくまで帰国せず大坂に大軍を常駐させて対処する方針が示されていた。

もっとも、利家も「秀頼様に対し謀反仕《つかまつ》り候者」が誰なのか明示していない。家康でも三成でもどうとでも解釈できそうである。そのせいか、利長はこの既定方針をあっさり覆《くつがえ》してしまう。八月二十八日、家康の勧めをうけて帰国の途についた。表向きの理由は「ご休息の為」「国本《くにもと》（国許）お仕置のため」である（「三壺記」）。

利長の弱腰には、身内の老臣からも疑問の声が上がっていた。「はや〳〵大納言様ご遺言ちがへ候。ごうん《（御運）》之すゑ《（末）》かと、村井豊後《むらいぶんご》・奥村伊予《おくむらいよ》など笑止がり」とあるように、利家時代の老臣である村井長頼《ながより》や奥村永福《ながとみ》らが「遺言を違《たが》えるようではご運の末」だと馬鹿馬鹿しく思ったというのである（「象賢紀略《しょうけんきりゃく》」）。

少し利長を弁護すれば、利長に帰国を決意させた理由は、家康の動きよりむしろ、豊家を守るべきはずの譜代衆同士が諍《いさか》いを起こしたことだったかもしれない。とくに七将《しちしょう》による三成襲撃は利家が他界した閏三月三日の当日に起きている。

豊家譜代の大名たちがこのような体《てい》たらくでは、秀頼の傅役もおぼつかないばかりか、虎《こ》視眈々《したんたん》と爪を研《と》ぐ家康を利するばかりだと、乱を好まぬ性格の利長が長嘆息したとしても無理はない。前田家の記録には「利長思惟《しい》し、とかくかやうに党を以《もっ》て争ふ事、天下の一大事と了簡《りょうけん》し」ていたとある（「鳴鶴集《めいかくしゅう》」）。

党派を組んで争うのは太閤遺命に背くものだから、大老の一人で傅役の利長にはそれを止《や》

高岡城跡に立つ前田利長像（富山県高岡市）

めさせる義務があるはずだが、そのような調停力を発揮して政局の主導権を握ろうとした形跡はなく、むしろ、前田家を争い事からなるべく遠ざけ、つとめて局外中立に立とうとしたようにみえる。

　利長は豊家譜代衆の内部抗争を横目にみながら、前田家の立場上、家康の専横を牽制しなければならないという困難な状況に精神が消耗して、自家保存しか考えられなくなったのではないか。そんななか、家康からの帰国慫慂《しょうよう》は渡りに船だったように思える。

　利長の帰国は、二頭の一人として家康と対決することから降りたに等しく、反家康陣営の大名たちをいたく失望させた。前田家側の記録「鳴鶴集」も残念そうに記している。

「利家嫡子中納言利長は、内府家康公へのご挨拶《あいさつ》甚《はなは》だ謙《へりくだ》る故に、前田へ与力《よりき》の大小名口惜《くちおし》く、利家死後いまだ百日も過ぎざるに、かかる威勢の劣る事かな。内府権威を拉《ひし》ぐものは利長たるべしと、この趣《おもむき》を利長へ告げて諷諫《ふうかん》す」。

　また一方の家康は利長の気弱さにほくそ笑んでいたのではないか。家康が恐れていたのは利長個人ではなく、あくまで秀吉の盟友かつ秀頼の傅役として諸大名に衆望の厚い前田家だったのである。

【謎4】家康は最初から軍事対決を目論んでいたのか

家康の豊臣「公儀」独占

太閤秀吉が死んでも「二頭↕五奉行」体制が残されたし、前田利家が死んでも豊臣「公儀」の枠組みは依然健在だった。徳川家康は豊臣政権随一の実力者であったものの、あくまで同列者のなかの第一人者に過ぎなかった。会津《あいづ》出陣の際、家康が豊臣秀頼に挨拶してから進発したことでもそれは明らかだった。

では、家康がこの地位を突破するにはどのような手段があるか。それは豊臣政権の枠組みの外に出るか、究極的にはその枠組みを破壊して新体制を創出するしかない。しかし、そうするには一挙には到底不可能で、いくつかの段階、手続きを踏まねばならなかった。

家康はこの課題に精力的かつ果断に取り組んだ。家康は当面のライバルたちで豊臣「公儀」の構成員である大老や奉行たちを自陣営に誘致するか、態度が曖昧な者や抵抗する者は各個撃破して、豊臣「公儀」を独占するという戦術に出た。

まずは家康に対するもっとも強硬な反対者だった石田三成を失脚に追い込んだことである。これについては、さほど家康の手を煩《わずら》わしたわけではない。前田利家が他界した慶長四年（一五九九）閏三月三日、大坂で三成嫌いの加藤清正・福島正則ら七将が決起して、三成の屋敷を囲んだ。

このとき、三成の知友佐竹義宣《さたけよしのぶ》が駆けつけて、三成をひそかに「女輿《おんなこし》」に乗せて、宇喜多秀家の屋敷に送った。三成は辛うじて難を逃れ、伏見城下の自分の屋敷にこもった（笠谷和比古・二〇〇〇）。このとき、家康が調停に乗り出し、私闘禁止の法度を掲げて、「天下の事にいろわせ申す間敷《まじく》候」（天下に関わる事案に干渉するな）と一喝《いっかつ》して、七将に天下仕置に関与しないようにと厳しく申し渡した。

しかし、七将は納得せずに三成の後を追った。加藤清正・黒田長政が率いた鉄炮足軽《てっぽうあしがる》だけで三〇〇〇人だったというから、相当の大軍が伏見に押しかけたことになる。

家康は三成を数日保護したのち、佐和山に送り届けることにした。道中が不安なので、石田勢三〇〇〇人を瀬田《せた》まで呼び寄せ、結城秀康《ゆうきひでやす》が警固して瀬田まで送り届けた。

このとき、家康は三成から「天下の仕置にかまい申され間敷」と一札《いっさつ》取ることを忘れなかった。これにより、三成は奉行職を解かれ、豊臣「公儀」の構成員から排除されたのである

三成が蟄居した佐和山城跡（滋賀県彦根市）

（「慶長記」上）。

三成の次は大老の毛利輝元である。三成を追放してからわずか一〇日ほどのちの閏三月二十一日、家康は輝元と起請文を交わした。輝元が家康に差し出した起請文には「父兄の思ひを成し」という一節があり、家康が輝元に差し出したのには「兄弟の如《ごと》く申すべく承り候」とあった（『毛利家文書之三』一〇一六・一〇一七号）。家康は輝元より十一歳年長だったから、輝元に「兄弟の如く」というのは自然だが、輝元が「父兄の思ひ」というのは、同じ大老として一歩引いたもので、当座、家康に恭順した形になった。

家康暗殺計画の真相とは

前田利長に対しても、家康は追い討ちをか

けた。前節で触れたように、利長は秀頼傅役の仕事を半ば放棄して金沢に帰っていた。

慶長四年（一五九九）九月七日、家康は重陽《ちょうよう》の節句（九月九日）を祝うという名目で伏見から大坂に下り秀頼に対面しようとした。ところが、増田長盛と長束正家が家康暗殺計画があることを密告してきた（「天寛日記」）。

「頃《このごろ》前田肥前守《（利長）》の企《たくらみ》にて、公《（家康）》御登城の時、浅野弾正《あさのだんじょう》・大野修理亮《おおのしゅりのすけ》・土方勘兵衛《ひじかたかんべえ》等出向ひ、公を図り奉《たてまつ》るべしと相談する由也《なり》」。

奉行の浅野長政、豊家譜代の大野治長《はるなが》・土方雄久《かつひさ》らが家康の登城を狙って襲撃する計画があり、背後で糸を引いているのは利長だというのである。しかし、利長はわずか一〇日ほど前の八月二十八日に帰国したばかりだった。常識的には、家康との対決を降りた利長が失敗したときのリスクの大きい暗殺計画に加わるとは考えにくい。唯一考えられるとすれば、首謀者の一人である雄久が利長の生母芳春院《ほうしゅんいん》の甥《おい》（利長の従兄《いとこ》）にあたることである。この縁から黒幕は前田家という連想が働いたのかもしれない。

この事件は、利長追い落としのために家康が仕組んだ謀略《ぼうりゃく》だと解釈されることが多いが、どうもそうは思えないのだ。家康が少人数で大坂に乗り込んできたところをみると、不穏な動きを察知していたとはとてもみえない。また急遽《きゅうきょ》、伏見から警固の軍勢を呼び寄せたあたりにも混乱した様子がうかがえる。

むしろ、これが謀略であれば、三成失脚、利長帰国によって劣勢になった反徳川派の奉行周辺が仕組んだものではないだろうか。

おそらく、治長や雄久らによる家康暗殺計画は存在した可能性が高い。そして、その噂が奉行の長盛や正家の耳にも入っていた。あるいは二人も計画に関与していたかもしれない。しかし、根が日和見派である二人はこの計画が露見《ろけん》したり、失敗したときの反動の大きさを恐れた。もしそうなれば、豊家譜代衆の罪が問われ、ひいては豊臣家そのものが家康から糾弾されることになる。そのリスクだけは何とか回避したいと苦慮《くりょ》した二人が家康に密告の挙に及んだのではないか。

一説によれば、この事件を大坂城内で仕組まれたとし、その目的が浅野長政を排除するためだったのではないかと推測する向きもある（内田九州男・一九八九）。たしかに長政は家康と親しく、奉行衆のなかでは唯一、家康寄りだった。奉行衆の結束を固めるために長政を失脚させようとしたとしてもおかしくはない。しかし、それだけのために家康や利長まで巻き込んだら、事件がかえって大がかりになって不測の事態が起こらないとも限らない。

筆者も大坂城内で仕組まれた謀略である点は一致するが、目的は長政の失脚だけではないと思う。それは密告により、利長をフレームアップするという高等戦術だったと思う。この暗殺計画に利長が一枚嚙《か》んでいたとすることで、中央政局から一歩退いた前田家を再び家康との対決に引きずり込み、二頭対立の構図を再構築して、豊家安泰を図ったと考えられないだろうか。

その証左《しょうさ》として、前田家側の記録「関屋政春古兵談」に「是は増田・長束談合にて、家康公と利長公との中《(仲)》をさかん《(割)》との謀《はかりごと》也」とある。これは前田家のご都合主義の言い訳《わけ》ばかりとは思えない。

謀略の主の描くシナリオとしては、濡れ衣を着せられた利長が怒って家康と事を構えようとする。前田家は豊家譜代の諸大名の間で信望が厚いから、これに加担する大名も少なくない。彼らが利長を中心に結束すれば、家康も侮《あなど》れない一大勢力になる。これにより、たとえ家康打倒は無理でも、その権勢を大幅に削《そ》ぐことは可能——というものではなかったか。ところが案に相違して、利長は弱腰で家康に屈伏する道を選んだので、せっかくの謀略も水泡《すいほう》に帰してしまった。

家康はこの暗殺未遂事件を奇貨《きか》として、最大限に利用した。暗殺計画に関与したとされる長政は武蔵八王子《むさしはちおうじ》に、治長は下総結城《しもうさゆうき》に、雄久は常陸桐間《ひたちきりま》にそれぞれ配流《はいる》された。それだけではない。家康は利長に「謀反これあり」として加賀出陣を号令した。そして前田領と接する丹羽長重《にわながしげ》（加賀小松《こまつ》一二万五〇〇〇石）に討伐軍の先手《さきて》を命じた。

寝耳に水とばかりに驚いたのは利長だった。彼には、この謀略に乗って、一気に反徳川の旗幟《きし》を鮮明にして諸大名に結集を呼びかける選択肢もないではなかったが、とてもそこまで情勢は煮詰まっていないという思いが強かったし、第一、その覚悟がなかった。

それに、利長の弱みは大坂城中に芳春院を人質として残してきたことだった。父を失ったばかりの利長は母を見殺しにすることに迷いが生じた。そのため、時間稼ぎとして老臣の横《よこ》山長知《やまながとも》を家康のもとに派遣して弁明これつとめ、ついに芳春院を人質として江戸に送ることを申し出たので、家康もこれを諒《りょう》として加賀出陣を中止した。

じつは家康と利長の交渉は半年の長きにわたっている。一時は男子がいない利長が家康の男子を養子にして金沢二〇万石を譲るという案まであったらしい（『当代記《とうだいき》』）。前田家側の「村井長時筆記」によれば、養子候補の家康の息子とは「お万《まん》殿」（五男信吉《のぶよし》）だったという。

もし仮に、このとき、利長が恭順《きょうじゅん》の姿勢を示さずに領国の防備を固めはじめたら、家康は軍事力を行使しただろうか。おそらく武力発動に踏み切った可能性が高い。それは前田家の姻戚である宇喜多秀家・細川忠興の実力を見定めてのことだった。家康なら、むしろこの二人の忠節を試す踏み絵として先鋒《せんぽう》を命じたかもしれない。

もう一人の大老、宇喜多秀家に関しては先に触れたが、慶長五年（一六〇〇）正月早々、一門や重臣が秀家夫妻の寵臣《ちょうしん》を成敗《せいばい》しようとして拒否されると、大坂玉造《たまつくり》屋敷に立てこもるという異常事態が起きた。秀家は自力でこれを解決できず、家康と大谷吉継の介入・裁定により、ようやく沈静化することができた。その結果、一門の宇喜多詮家《あきいえ》（のち坂崎直盛《さかざきなおもり》）、重臣の戸川達安《とがわみちやす》・岡家利《おかいえとし》・花房正成《はなぶさまさなり》など、軍団の先手衆をつとめる万石以上の旗頭《はたがしら》六人のうち、じつに四人が主家を出奔し、これにその他有力与力四〇人も同調したので、宇喜多家中は大混乱に陥った。

二月、秀家は家中の動揺を鎮《しず》めて、家臣団を再編成するために、岡山《おかやま》に帰国せざるをえなくなった。もともと豊家の家門大名として、家康に敵愾心《てきがいしん》を抱いていた秀家だが、足許《あしもと》に火がついて、とても家康に対抗するどころではなくなった。

かくして、大老のうち三人が屈伏・服従して在国を余儀なくされ、奉行も二人が失脚して、あとは三人の日和見派だけだった。まだ家康に頭を下げていないのは、会津一二〇万石の太守、上杉景勝だけになった。

景勝は利長とほぼ同時期の慶長四年（一五九九）八月に会津に帰国していた。上杉家は同三年正月十日、秀吉の命で越後《えちご》・佐渡《さど》・出羽《でわ》庄内《しょうない》・信濃川中島《しなのかわなかじま》九一万石から会津一二〇万石に国替《くにがえ》されたばかりだったから、上方に滞在するよりも領国経営に力を入れたいという事情があった。また帰国にあたっては、前田利長の轍《てつ》を踏まないよう、家康・秀忠父子に丁重に挨拶して了承を得ていた。

景勝は会津黒川《くろかわ》城が手狭なので、近くの神指《こうざし》に新城の普請《ふしん》を開始し、領国内の街道や橋の

直江兼続が普請し未完のまま廃城になった神指城跡（福島県会津若松市）

修築を行い、武具や牢人《ろうにん》を集めはじめた。これを上杉家と確執《かくしつ》を抱える隣国越後の堀秀治《ほりひではる》の老臣堀直政《なおまさ》が「謀反」として家康に注進し、さらに景勝の老臣藤田信吉《ふじたのぶよし》も出奔して、家康に景勝の叛逆《はんぎゃく》を訴えた。

　家康は利長のときと同様に景勝を追討する大義名分を得た。平和的な交渉による解決か武力発動の手段に出るか、景勝の出方次第ということになった。前者であれば、家康は人質の要求や越後からの転封《てんぽう》の際、堀秀治ともめた越後旧領での年貢《ねんぐ》徴収《ちょうしゅう》の理非《りひ》をめぐって厳しく追及することになるのは間違いない。前田家と違って、不識庵謙信《ふしきあんけんしん》以来の武門の家柄を誇る景勝がそのような屈辱に堪《た》えられたかどうか。

　いずれにせよ、景勝が屈伏するとは思えな

いので、武力発動になるのは時間の問題だった。家康としても、豊臣「公儀」の主宰者として「謀反」には断固とした態度を示す必要があった。

ただ、上方からみて、会津は加賀金沢よりはるかに遠い。遠征軍を編成して上方を留守にすると、どんな事態が出来《しゅったい》するかもわからなかった。家康もそうした可能性を計算しないはずがない。いかなる事態になっても対応できるようにするために、家康はなるべく多くの諸大名や軍勢を会津討伐に動員しようとした。もし上方に異変が起こっても、戦力上、優位に立てるし、関東で持久する手段もある。

それよりも、家康は豊臣「公儀」の執政者として、全国の諸大名に対する軍事動員権を行使したかったのだろう。彼らがそれに従うか否か、「天下殿」の試金石といえた。その軍役《ぐんやく》負担も上方以東が重く、西国が軽かったところを見ると、秀吉の小田原《おだわら》陣を想定したものだったかもしれない。

【謎5】石田三成と直江兼続の密約はあったか

「直江状」は偽作なのか

古くから、関ヶ原合戦の発端となったのは、石田三成と直江兼続《なおえかねつぐ》があらかじめ密約して、徳川家康を東西から挟撃《きょうげき》しようとした策略であるといわれている。

しかしながら、密約の痕跡《こんせき》を認めることはできない。何より、慶長五年（一六〇〇）五月、家康が会津征伐を宣言するまで、政局の主導権を一貫して握っていたのは家康だったことが忘れられている。上杉方からみたら、家康からの無理難題に対して、受け身ながらこれに対抗せざるをえなくなったというのが実情であり、あらかじめ三成と打ち合わせて、家康の出陣を誘ったとは到底考えられない。それに、仮に挑発したとしても、家康の出方が上杉方の予測どおりになるとはかぎらない。

むしろ、家康が会津出陣のために上方を留守にするという間隙《かんげき》が生じたことにより、三成が西軍の諸大名を糾合して上方を制圧するという状況が生まれ、それから、上杉方との東西挟撃策が現実化してきたというのが実情に近いと思う。

考えてみれば、前田利長が「謀反」の嫌疑をうけたときに屈服せず、領国の守りを固めて対決する姿勢を示せば、家康は行きがかり上、加賀に出陣せざるをえない。そうなれば、会津出陣と同様に上方を留守にすることになる。その隙《すき》を突いて三成らが挙兵に及んだとして、今度は利長と三成の間に密約があったということにはならないだろう。同時に、その場合、景勝の動向も測りがたく、家康に加担する可能性も排除できないのである。

では、家康が会津出陣を決める前後、三成と景勝・兼続との間にまったくの連携がなかったかといえば、そうではない。以下、簡単に政局の動きを年表風に挙げてみる。

二月　奥州《おうしゅう》陣の噂（「慶長記」）。
三月十一日　景勝の家臣藤田信吉（津川《つがわ》城主）、出奔。
三月二十三日　信吉、江戸で秀忠に謁し、景勝謀反を注進。秀忠、これを大坂の家康に急報。
この月　家康、会津出陣を輝元・秀家・吉継・長盛らに諮《はか》るが早計として景勝の上洛を促すことに決す。

四月一日　相国寺《しょうこくじ》の豊光寺《ほうこうじ》承兌《じょうたい》、兼続宛て書状を認《したた》める。

この月　家康の使者伊奈昭綱《いなあきつな》、増田長盛の使者川村長門《かわむらながと》、承兌の書状を携えて会津に向かう。十三日に会津到着か（直江状より推定）。

四月十四日　兼続、承兌宛てに一六カ条の返状。いわゆる「直江状」。

五月三日　これより以前、昭綱ら帰り景勝上洛せずと伝える。家康激怒して会津出陣を口にする。

五月七日　三奉行と三中老《さんちゅうろう》が家康に会津出陣の延期を申し出る。

五月二十日　家康と景勝「和談」との噂（『義演准后日記《ぎえんじゅごうにっき》』）。

六月二日　家康、七月二十一日をもって会津表《おもて》に攻め入るよう、諸将に命じる。

六月十日　景勝、安田《やすだ》・甘糟《あまかす》・岩井《いわい》・大石《おおいし》・本庄《ほんじょう》らに対し、近隣諸大名より上杉逆心と讒言されたことを怒り、上洛の不可と領国防衛の覚悟を披瀝《ひれき》する。

六月十八日　家康、会津出陣のため大坂を発す。

このなかに有名な「直江状」がある。家康の無理難題に対して、兼続が武門の意地を賭けて受けて立ち、名門上杉氏の潔いほどの覚悟を示したことは爽快《そうかい》でさえあり、後世の家康嫌いが快哉《かいさい》を叫んでいる。

直江状（新潟県立博物館蔵）

しかし、これまで「直江状」は偽書《ぎしょ》の疑いが濃厚というのが通説だった。たとえば、桑田忠親氏や二木謙一氏は「偽作」と断言している（桑田・一九八二、二木・一九八二）。その後、「直江状」の書札礼《しょさつれい》や内容を詳しく検討した宮本義己氏によれば、敬語の誤用や不自然な用例が多々みられること、内容上も増田長盛と大谷吉継の関《かか》わりが強調されていることなどを理由に、「後世の偽作か、あるいは改竄《かいざん》と見なさざるをえない」と結論している（宮本・一九九八）。

なお、筆者は別の視点から疑問に思っていることがある。上杉景勝の上洛拒否は家康に会津出陣の格好の大義名分を与えたはずだが、「直江状」が偽文書だとすれば、肝心《かんじん》の上杉方からの返状がなぜ遺《のこ》っていないのかということである。返状は奉行衆はじめ大坂近仕の諸大名にも披露《ひろう》されたと思われるので、写しがとられるとか、断片的な一節でも何らかの記録や文書に遺ってよさそうだが、これがないと思われた。ところが、近年、今福匡氏が越後村上周防守《むらかみすおうのかみ》宛て徳川秀忠書状（慶長五年七月七日付）に直江状（写しだろう）が添付されていた形跡があることを明らかにしている（今福・二〇〇八）。

兼続の返状があったことはたしかである。上杉方の上洛拒絶の返答に激怒した家康が会津討伐を言い出したので、これを制止するために、長束・増田・前田の三奉行と中村一氏《なかむらかずうじ》・生駒親正《いこまちかまさ》（いわゆる中老）が連署の諌止《かんし》状（五月七日付）を家康に送った（「古今消息集《こきんしょうそくしゅう》」）。

それには「今度、直江所行《しょぎょう》、相届かざる儀、ご立腹ご尤もに存じ候」とか「（兼続が）田舎《いなか》人に御座候間、不調法故《ぶちょうほうゆえ》」云々という箇所があることから、兼続からの返状が存在したことがうかがわれる。その内容まではわからないが、家康が立腹したところをみると、これがいわゆる「直江状」だった可能性は高い。

またこれとは別に、『関原軍記大成《せきがはらぐんきたいせい》』巻之五にも興味深い記述がある。

「一書に、景勝卿《きょう》、この時、伊奈図書《ずしょ》に対面して、内府、近年、ご国政に私曲あり。其《その》品品を申し、扨《さて》はご失念もあるべしとて、十一箇条の書付《かきつけ》を授けて、此旨《このむね》をお改めなきに於《お》いては、我等上洛すべからずと、あらけなく答へられしと記す」。

「一書」という史料名が判明しないのが残念だが、景勝から家康の使者伊奈昭綱に対して「十一箇条の書付」が渡されたとする史料があるというのである。なお、「直江状」は一六カ条（最小一四カ条の写しもあり）から成るので、これとは別に景勝の返状が存在したことをうかがわせる。その内容は推定するしかないが、手がかりはある。景勝が六月十日付で、支城主の安田能元《よしもと》・甘糟景継《あまかすかげつぐ》・岩井信能《のぶよし》・大石元綱《もとつな》・本庄繁長《しげなが》らに宛てた書状である（『上杉家御年譜』三）。

「第一に家中無力、第二に領分仕置のため秋まで上洛を延引したいと奉行衆に返答していたが、重ねて逆心の讒言があったために、上洛がなければ、当郡（上杉領）に対して軍勢を差し向けるという。これについて存分があるけれど、元来、逆心など抱いていないので、万事を抛《なげう》ってでも上洛する覚悟で落ち着いた。しかし、讒人の糾明の一カ条を要求したところ、是非《ぜひ》もなく、ただ相変わらず上洛せよというばかりで、あまつさえ日限を区切って催促してきた。このように押し詰められては、上洛のことを承知するわけにはいかない。数通の起請文も反故《ほご》になり、契約も信頼関係も成立しなくなったし、讒人の糾明もかなわないとなれば、（武門の意地を示す）時節が到来したとただひたすら思いつめている」云々。

これによれば、景勝は国許の事情で上洛延引を奉行衆に伝えていたが、それほど催促するなら上洛してもよい。その代わり自分を「逆心」と訴えた讒人の糾明をさせろと要求したが、受け容れられなかったから「是非もない」という理由で上洛できないと返答したようである。

いわゆる「直江状」は原本が存在せず、写しが多数存在している。今福匡氏は二一点を確認している（今福・二〇〇八）。原本がないため、偽文書説が出るのもある意味当然といえるが、しかも、写しもその条文が一四条、一五条、一六条とさまざまである（今福前掲書）。その点も偽文書説に拍車をかけている。

とりわけ、偽文書説をもっとも具体的に述べたのは、すでに紹介した宮本説である。その主な論拠は、①用語や文法、書札礼が不自然、②内容上、慶長五年（一六〇〇）四月時点で、上杉家と増田長盛・大谷吉継との関わりが強調されているのは不自然というものである。

しかしながら、これまで明らかにしたように、「直江状」は当時、実在していたと考えたほうがいいだろう。宮本説に対しても十分反論が可能である。①については、用語や文法はそれほど不自然ではないし、後世の書写者が同時代の文法に従って写した可能性もあること、また宛所《あてどころ》の豊光寺承兌が直江兼続より身分的に上位とする点についても、二人は聖俗という住む世界の違いがあり、身分の上下を測るのが難しく、必ずしも承兌が上位とはいえない。②についても、増田と大谷が上杉家に加担するという意味ではなく、豊臣政権の奉行として家康と景勝の間を調停しようという趣旨である。

以上から、「直江状」は多数の伝本があり、少なからぬ異同が散見されるものの、何らかの原文書が一時は実在したと考えられる。

三成と兼続の頻繁な連絡

ところで、三成と兼続の「事前共謀」は成立しないとしても、両者はいつ頃から連絡を取り合っていたのだろうか。

現存史料にあらわれるかぎりでは、三成が六月二十日付で兼続に送った書状が初出であろうか（『東国太平記《とうごくたいへいき》』巻三、『続武者物語』）。内容は家康が同月十八日に伏見を進発したことを知らせながら、「兼々《かねがね》の調略存分に任せ、天の与へと祝着《しゅうちゃく》せしめ候」とあり、二人がこれ以前から「調略」を行っており、家康の出陣が二人の予想どおりだったことを示唆《しさ》している。また、書状冒頭に「先日は御細書預かり、則《すなわ》ち返報に及び候」とあることから、この返状の前に兼続からの書状が届いていたことになる。

となれば、いわゆる「直江状」が書かれた四月中旬以降、それほど時間をおかないうちに、三成と兼続は連絡を取り合った可能性が高くなる。またこの書状が「東西挟撃策」の根拠でもあった。

念のため付言すれば、この書状には偽文書説がある。「兼々の調略」云々という一節が、三成と兼続の間で示し合わせた事前謀議であるかのようにみえるのが不自然だとする。ただ、笠谷和比古氏も指摘するように、右記の「天の与へ」云々は真田昌幸《さなだまさゆき》宛て三成書状（八月五日付）にも「天のあたふる（与）儀に候」（笠谷・一九九四、『真田家文書』上巻五五号）という文言と酷似《こくじ》しており、三成が好んで用いた常套句だった可能性がある。このことから、必ずしも偽文書とはいえないという見方もある。

なお、六月二十日付三成書状には「輝元・秀家、その外無二《ほかむに》の味方に候」ともある。この点も通説とくらべると早すぎるとされる。輝元・秀家との連携が成ったのは七月以降だと思われるからである。だがむしろ、三成の誇大な宣伝文書とも考えられる。上杉は決して孤立していないと兼続を励まして、その抗戦意欲を減退させないようにしたとは考えられないか。

偽文書説については一理あるかもしれないが、それだけでは納得できないのもたしかである。いわゆる「直江状」(四月十四日付)に相当する返書を発した時点で、上杉方は臨戦態勢に入ったわけであるから、それから二カ月間、景勝・兼続がまったく政治工作をしなかったと考えるほうが不自然である。とくに反徳川派の急先鋒といえる三成とは何らかの連絡があっても不思議ではない。

ともあれ、その後も三成と兼続の連絡は頻繁《ひんぱん》に続いている形跡がある。現存しているものでは、七月十四日付の兼続宛て三成書状がある(『関原軍記大成』巻之七、『新潟県史』通史編中世)。

じつはこの書状についても偽文書説がある。中村孝也氏は先ほどの六月二十日付の兼続宛て三成書状は(参考)として採用しているが、この七月十四日付のほうは「信憑性《しんぴょうせい》の弱いもの」という理由で採用していない（『新訂 徳川家康文書の研究』中巻）。

しかしながら、六月二十日付書状と合わせると、辻褄《つじつま》が合う点があるのも事実である。とくに越後に残った上杉旧臣衆として記載された人名はほぼ正確ではないかと思われる。この問題を検討するにあたって、三成と景勝・兼続との間でやりとりがあったとされる書状を、偽文書説があるものや、他の書状によって実在が推定されるものも含めて列挙してみよう。

①日付不明　直江兼続↓石田三成（推定、②に記載あり）

②六月二十日　石田三成↓直江兼続　＊偽文書説あり

③同右？　石田三成↓上杉景勝（推定、②に記載あり）

④六月二十九日　直江兼続↓石田三成（推定、⑤に記載あり）

⑤七月十四日　石田三成↓直江兼続　＊偽文書説あり

⑥七月晦日《みそか》？　石田三成↓直江兼続？（推定、同月同日付真田昌幸宛て書状に記載あり）

⑦八月五日？　石田三成↓直江兼続？（推定、同月同日付真田昌幸ほか宛て書状に記載あり）

⑧八月二十五日　上杉景勝↓石田三成ほか（『真田家文書』上巻五九号）

まず、近江佐和山と奥州会津の間で書状をやりとりすれば、どれくらいの時間がかかるか確認しておく。

この時期、東海道や奥州街道は東軍の制圧下にあったから、中山道《なかせんどう》筋を往来するしかない。また三成が真田昌幸に依頼しているように、碓氷峠《うすいとうげ》を越えないで、裏街道を通って鳥居《とりい》峠を経由し沼田《ぬまた》越えで会津に向かうルートがもっぱら使用されたようである。七月晦日付の昌幸宛て三成書状によれば、二十一日付の昌幸書状が二十七日に佐和山に届いたとある（『真田家文書』上巻五一号）。つまり、佐和山と信州上田《しんしゅううえだ》の間は六日前後を要することになる。上田から沼田経由で会津までなら、中山道より険しい山越えなので、さらに数日を要すると思われ、合わせて一〇日前後かかるとみて間違いない。

⑤の三成書状の冒頭に「六月廿《にじゅう》九日の御状到来」とある。このことから、これ以前に兼続から三成に宛てた書状、すなわち④があったものと思われ、おそらく七月十日前後に三成のもとに到着したのであろう。だから、⑤の三成書状はその返状として作成されたものと思われる。⑤に偽文書説があるが、直江兼続が清野長範《きよのながのり》に宛てた書状（八月六日付）には佐和山から使者が来たとあり、⑤との関連をうかがわせる（『図説 直江兼続』二三二号）。

さらに続けて、⑤には「先書にも申し入るる通り、越後の儀は、上杉ご本領に候間、中納言（景勝）殿に下《くだ》し置かれ候旨、秀頼公御内意に候」という注目すべき文言がある。秀頼が旧領

米沢城跡に立つ景勝・兼続主従の天地人像（山形県米沢市）

の越後を上杉領として与えることをひそかに承認しているというのである。景勝・兼続をこれほど奮い立たせる条件はなかったのではないか。

　残念ながら、秀頼がこのような条件を認めた史料は見出《みいだ》せない。おそらく三成の思い切った空手形《からてがた》である。三成としては、これくらいの恩賞を約束しないと、上杉を味方につなぎ止められないという切迫した思いがあったのであろう。空手形といえば、三成は真田昌幸に対しても、小諸《こもろ》・深瀬《ふかせ》・川中島・諏訪《すわ》の諸郡を与えると約束している（右同書五五号）。

　なお、「先書にも申し入るる通り」とあるが、「先書」とは②の三成書状を指すのであろうか。時間的な整合性はあるものの、内容上では合致しないのをどう理解したらよいのか。すなわち、②の三成書状には越後が上杉氏の本領である云々と言及した部分が存在しないので、⑤と対応しないのである。別途に出されたものという推定も成り立つが、ここでは、②の三成書状に「中納言殿江《へ》別書を以て申し進《まい》らせ候」とあることから、三成から兼続宛てと同時に景勝に宛てられた書状③のほうを指していると推定してみたい。「上杉ご本領」云々の一節は知行問題だけに、兼続に対してというよりも、大名領主である景勝宛てにふさわしい内容だからである。

こののち、三成と兼続の往復書状は遺っていないが、間接的に推定できるものは存在する。三成が七月晦日付で真田昌幸に宛てた書状のなかに、使者三人を送ったという条《くだ》りがある。「残る弐人は会津への書状共遣《つかわ》し候条、其方より慥《たし》かなるもの添へ候て、沼田越えに会津遣され候て給《たま》ふべく候」(『真田家文書』上巻五一号)。

つまり、三成が二人の使者を沼田越えで会津に案内してくれるように昌幸に依頼しているのである。これが右で見た清野長範宛て直江兼続書状にある、佐和山からの使者か⑥に該当する。また八月五日付の昌幸宛て三成書状にも同様の依頼がある。これが⑦で、昌幸宛て書状の内容から、三成が上杉方に関東表への出陣を催促するものだったと思われる(右同書五五号)。

その後、八月二十五日付で景勝から三成や三奉行・二大老に宛てた書状⑧がなぜか真田家に所蔵されている。これは景勝が上杉方の実情を知らせながら、関東にすぐ打ち入れられなかった理由を釈明した内容で、後節で検討することになろう。

これ以降、三成と兼続の間の往来は史料上にはあらわれない。単に文書が遺らなかっただけかもしれないし、三成は尾張・美濃《みの》での手当てに忙しく、上杉方も小山評定《ひょうじょう》以降、伊達政宗に備えたり、最上《もがみ》領に侵攻する時期と重なったせいかもしれない。

三成と兼続が頻繁に書状のやりとりをしていたであろうことは確認できるが、いかんせん、近江佐和山と会津は遠い。書状の往来にしても、片道一〇日、往復で二〇日前後かかっているようである。当然、その間に情勢が刻々と変化するので、一度出した書状の内容が古くなって役に立たないこともあったに違いない。

いずれにせよ、東西挟撃策というのは、いうは易《やす》いが行うは難《かた》かったのではないだろうか。

【謎6】三成の挙兵戦略はどのようなものだったのか

三成―恵瓊ラインの根回し

徳川家康が会津攻めのため、大坂を進発したのは慶長五年（一六〇〇）六月十六日のことである。これは家康の名による豊臣「公儀」の軍事指揮権の発動であり、この出征に参陣するか否かで、諸大名の向背《こうはい》を峻別しながら、かつ味方になる大名を結集させるという効果が期待できた。

しかし、その一方で豊臣「公儀」の中枢である上方を離れることによる政治空白、それに伴う反徳川派の挙兵の可能性、大坂に集められている諸大名の人質と切り離されること、さらに秀頼母子を反徳川派に掌握される恐れなど、多くのデメリットも同時に派生していた。

家康はそれらを承知のうえで、会津遠征を強行したわけだが、かなり危険な賭けだったといわねばならない。後世の私たちは関ヶ原決戦の結末を知っているから、結果から推論して

毛利輝元の居城・広島城（広島市中区／広島県提供）

家康の勇断と評価するが、じつのところ、家康には反対勢力に対する過小評価があったのではないかという気がする。家康は石田三成とそれに与力《よりき》するひと握りの大名なら恐るるに足りずと軽視していたのではないか。それは同時に、三奉行や大老の毛利輝元と宇喜多秀家がこれに同調することもないと判断していたことを意味する。

家康がそう考えるのも無理はない。輝元とはすでに前年、「兄弟」「父兄」の契約を交わしていた。輝元自身もこの頃、広島《ひろしま》に在国していただけでなく、会津攻めには吉川広家や安国寺恵瓊《あんこくじえけい》など参陣させることを命じ、出陣する恵瓊に銀子《ぎんす》三〇〇枚を与えている。上方に駐在していた恵瓊は広家より一足早く先発したが、広家は七月六日に国許の出雲《いずも》を発《た》ち、十四日に大坂に着到していた（『毛利輝元卿伝』第四編、『萩藩閥閲録《はぎはんばつえつろく》』遺漏巻三ノ三・東条《とうじょう》小《こ》三郎《さぶろう》譜《ふ》、『吉川家文書之二』九一六・九一七号）。

また秀家は岡山に留まっていたものの、六月十九日、一門の浮田《うきた》左京亮《さきょうのすけ》（宇喜多詮家、のち坂崎直盛）を大将とした先手衆を伏見から会津へ下らせていた（「備前軍記」）。

このように、輝元・秀家の両大老も家康の軍令に従う意思を示し、実際に軍勢を派遣していたのである。だから、家康が楽観的になったのも無理はない。しかしながら、もし輝元や秀家が三成に同調すれば、それに加担する西国大名も加わって一大勢力になる。家康はそうした潜在的な可能性がありうることを軽視していたかもしれない。

その意味で、三成はまさに家康の虚を衝《つ》いたといえる。家康の専横を苦々しく思っている大名は大老や奉行はじめ少なからずいたであろう。しかし、誰も景勝ほどには正面から異議を唱えることはできなかった。ましてや、軍事的な行動に出るにはよほどの勇気が要《い》る。なぜならもう後戻りできないからだ。

そこへ、会津出陣という軍令が豊臣「公儀」より下った。じつは、これこそ他律的だが、反徳川派＝西軍が形成される最大の要因だったというべきである。諸大名、とくに西国の大名は「公儀」から課せられた軍役という大義名分により、堂々と軍勢を上方に派遣できるようになった。

三成は諸大名が一斉に流動化したのに目をつけた。会津出陣のために上方に進駐してきた一〇万ともいわれる軍勢を会津に向かわせずにせき止めようというのである（実際、三成は近江愛知川《えちがわ》に関を設けて、大名たちを上方に追い返している）。その際、烏合《うごう》の衆たる彼らに目的を与えてひとつにまとめるには結集軸と大義名分が必要である。それが中国の雄で大老の毛利輝元であり、「内府ちがひの条々」という家康弾劾状《だんがいじょう》だった。

毛利勢が大挙上洛し、輝元が大坂城西ノ丸に入って秀頼を推戴《すいたい》すれば、反徳川感情を抱いている諸大名を引きつけるのに十分に魅力的なお膳立《ぜんだ》てだった。また輝元にしても、自家だけなら心許《こころもと》ないが、同じ大老の秀家はじめ西国の諸大名が馳せ参じれば心強いという、一種の群集心理による相乗効果が期待できたのである。

いうまでもなく、このように諸方面に張りめぐらされた政治工作の結節点に三成がいた。三成はかつて同僚だった豊臣「公儀」を構成する三人の奉行衆を味方につけ、その地位を十二分に活用しながら、また輝元に影響力を行使できる恵瓊と連携することで、西軍を結集させる条件をととのえたのである。西軍の予想以上の結集は、三成が佐和山に退隠している間にあらんかぎりの知恵を振り絞った戦略構想の一定の実現であった。

しかし、この成功によって、不可避的に西軍の内部に脆弱性《ぜいじゃくせい》を抱え込んだ一面も忘れてはならない。東軍に結集した諸大名の多くは三成嫌いのうえに家康に奉公するという明確な目的意識があった。それに対して、西軍のほうはもともと会津出陣の軍役に応じて上京してきた大名がほとんどで、たとえば島津義弘が「秀頼様御為」と自分を納得させて西軍に加わったように、行きがかり上であったり、たまたま上方に居合わせて大勢に順応しただけの大名が多かった。つまり、将の覚悟や軍勢の士気という面において、東軍に劣っていたのは否めず、それが家康につけ入る隙を与えた。

ここで、三成が輝元を推戴して挙兵する経緯を追ってみたいが、じつをいえば、その間の三成の動きを正確に確認する良質な史料が存在しない。とりあえず「落穂集《おちぼしゅう》」などに基づいた通説に従って、西軍挙兵までのいきさつを追ってみよう（今井林太郎・一九八八）。

七月二日、大谷吉継が会津出陣のため美濃垂井《たるい》に至った。吉継は隠居の三成の代わりに出陣する予定になっていた嫡男重家《しげいえ》を迎えに佐和山に使者を走らせた。三成は逆に家臣の樫原《かしはら》彦右衛門《ひこえもん》を遣わして吉継を佐和山に招き、挙兵の意図を打ち明けた。吉継は翻意《ほんい》を促したが三成がきかなかったので、七日にいったん垂井に戻った。吉継は改めて寄騎の平塚為広《ひらつかためひろ》（美濃垂井一万二〇〇〇石）を佐和山に遣わしたが、三成の決意は固かったので、十一日、吉継が再び佐和山に入って三成に協力することを申し出たという。この謀議には恵瓊も加わったという。ちなみに、このとき、吉継が三成は「へいくわい」（平懐）（無遠慮なこと）で人望がないから、輝元と秀家を上に立てることを条件に挙兵に同意したという「落穂集」の逸話は有名である。

十二日には前田玄以・増田長盛・長束正家の三奉行連署状が発給されて、広島の輝元を大坂に迎えることとなった。輝元は即座に決断して海路上坂《じょうはん》、十六日夜に大坂・木津《きづ》の毛利屋敷に入っている。翌十七日、輝元は三奉行らに推戴されて西軍の盟主となり、家康の御座《ござ》所《しょ》だった大坂城西ノ丸に入った。そしてこの日、有名な「内府ちがひの条々」という家康弾劾状が三奉行の名で発せられた。

この間のいきさつをみると、短期間にしてはあまりにスムーズに事が運びすぎている印象が強い。とくに三成・吉継・恵瓊の三者で挙兵の意思一致ができてから、輝元が大坂に入るまでわずか五日間である。上方と広島という地理的な距離感、中心的な組織者の三成が大坂に赴かず佐和山か伏見にいたと思われること、また毛利家中での吉川広家や家老衆の反対、鈍重・優柔不断との定評があった輝元の即断即決といった要素を考えると、あらかじめ根回しが進行していたのではないかと思わせる。

これに関して興味深いのは、毛利家の老臣三人（益田元祥《ますだもとなが》・熊谷元直《くまがいもとなお》・宍戸元次《ししどもとつぐ》）が徳川方の榊原康政らに宛てた書状である（『吉川家文書之二』九一一号）。

それによれば、「今度安国寺出陣に付きて江州まで罷出《まかりいで》られ候処、石治少（三成）・大刑少（吉継）手前如《い》何《かが》に見及び候哉《や》、大坂へ打ち帰り候」とある。書状の日付が七月十三日なので、恵瓊が三成・吉継と謀議したのはその直前ということになる。

三成と吉継が謀議したのが七月十一日というのが通説である（「慶長見聞書」）。だが、恵瓊はその前から三成と会っている可能性もある。「毛利三代実録考証《もうりさんだいじつろくこうしょう》」八三巻で、恵瓊の大坂発足と大坂帰還の時期を考察した「論断」によれば、二つの時期は不明としながらも、とくに大坂帰還については興味深い推論をしている。恵瓊の使者が広島の輝元のもとに着いたのが七月十四日である事実から逆算して、「往来の日数を以て推すに、十日より以前に大坂に帰りて注進せしにあらずんば、この到来中頃までには聞へがたし」とする。つまり、十日以前に恵瓊が大坂に帰っていたと考えるべきで、そうだとすれば、三成との密談も当然それ以前であり、しかも、三成と吉継の会談より先行していた可能性が高い。

さて、会津に下らないで大坂に戻った恵瓊は上坂途中の広家に急ぎ上坂あるようにと飛《ひ》脚《きゃく》を送った。播磨まで来ていた広家が飛脚と会ったのが七月十三日。翌十四日には広家は大坂に着いている。ここで、恵瓊が広家や家老たちに密事を打ち明け、上杉に味方して反徳川の挙兵を明らかにするのである。恵瓊の言い分は次のとおりだった（『吉川家文書之二』九一七号）。

「かの表（会津）のことは（家康が大軍なので）討ち果たされてしまうであろう。そうなれば、諸大名の進退はさらに不安定になる。将来は秀頼様の御為にもなるかどうかわからない。

だから、会津の上杉が堅固に守っているうちに、弓矢に及ぶべき旨、三成や吉継と申し合わせ、これに増田長盛ほかの奉行衆も同意した。今からは中納言様（輝元）が一刻も早く上洛なさることが肝要である」。

恵瓊は、この機を逃せばこれからずっと家康に牛耳《ぎゅうじ》られてしまうが、毛利家としてはそれでよいのかと、言外にほのめかしている。恵瓊の情勢認識で重要なのは、会津の上杉方の守りが堅固なうちに挙兵するという機のとらえ方である。家康率いる東軍を会津に釘付けにしている間に、輝元を盟主として上方を押さえてしまおうという計画だった。

これに対して、広家らは「日本二《ひのもとふた》つの御弓矢、大篇《大変》の儀に候」と反対したが、恵瓊が強引に押し切ってしまう。恵瓊はすでに先手を打っていた。広家が上坂する前に広島に使者を送っていたのである。その使者が十四日に広島に着き、輝元はその日のうちに船に乗って上坂の途につき、十六日夜には大坂・木津の毛利屋敷に入っている。

輝元に似合わぬこの機敏さは、輝元自身に家康にとって代わりたい野心を抱懐していたと同時に、恵瓊の恫喝《どうかつ》に近い巧みな誘致があったことも忘れてはならない。毛利側史料「佐々部一斎留書《さっさべいっさいとめがき》」には次のようにあった。

「その上今度輝元公ご同意無くば、秀頼公えご逆意の通り申さるるに付きて、ご本式に誠と思《おぼ》し召《め》し候やとの事」。

輝元が上坂に同意しないと秀頼への逆意と見なすと恵瓊が書状に書いたか、使者に言上《ごんじょう》させたので、輝元は「（秀頼は）誠にそのように思し召しか」と驚いて、急ぎ上坂したというのである。輝元も軽率だが、恵瓊のほうが計略にかけては一枚上手だったというべきか。

また一説によれば、三成や吉継が「輝元を語らい、秀頼卿十五歳までは天下の政務悉《ことごと》く輝元にまかすべき由誓状を与ふ」という（『武家事紀《ぶけじき》』中 巻二十三）。他の史料で裏付けがとれないものの、輝元の迅速な行動と平仄《ひょうそく》が合うのもたしかである。

即日の上坂だから、輝元は大した兵を率いていなかったと思われるが、毛利家は秀吉の死の直後から混乱を予想して大坂に多くの兵を駐屯させていた。毛利家の老臣だった内藤周《ないとうしゅう》竹《ちく》（隆春《たかはる》）の家譜によれば、大坂屋敷に二万余と鉄炮七〇〇挺《ちょう》を保有していたという（『萩藩閥閲録』第三巻 内藤小源太譜《ないとうこげんたふ》）。

これに吉川勢も加わり、輝元のあとから後詰《ごづめ》も着到したであろうから、三万から四万の大軍がそろったに違いない。ともあれ、輝元とこの大軍が西軍の中核を形づくることになった。

宇喜多秀家・大谷吉継の立場

毛利輝元と並ぶ大老、宇喜多秀家の場合をみてみよう。

すでに述べたように、秀家も家康の会津出陣の軍令に従い、一門の宇喜多詮家を名代《みょうだい》として先手衆を先発させていた。この軍勢が伏見を発したのは六月十九日である（「備前軍記」）。この先手衆のなかには戸川達安・花房職秀《もとひで》・岡家利らの旗頭がいた。彼らはいずれもこの年正月、秀家の仕置に反抗して大坂玉造屋敷に立てこもった面々である。一度は赦免《しゃめん》されて帰参した者たちだった（『早島《はやしま》の歴史』３・史料編）。

しかし、秀家は上坂すると一転して三成に呼応《こおう》して西軍に属した。そのため、先手衆の帰属が宙ぶらりんになったが、もともと主君とはいえ秀家にはよい感情を抱いていなかったので、彼らはこれを機に東軍に属した。彼らの多くは黒田長政の軍勢に借陣することになった。

ところで、秀家がいつ、どのような形で上坂したのか史料不足でよくわからないが、一説によれば、七月二日に上坂しているという（「備前軍記」）。「備前軍記」は江戸時代後期、安《あん》永《えい》三年（一七七四）に成立した編纂《へんさん》史料だが、比較的良質な軍記物であると思う。秀家が七月二日に上坂したことを示す史料はほかに存在しないようだが、豊国《とよくに》神社の社僧《しゃそう》神龍院梵《しんりゅういんぼん》舜《しゅん》の日記によれば、秀家が七月五日と二十三日の二回社参《しゃさん》している事実がある（『舜旧記《しゅんきゅうき》』第二）。七月五日に秀家が豊国神社に参詣《さんけい》している事実があるので、「備前軍記」の二日上坂説は比較的妥当ではないだろうか。

では、秀家のこの時期の上坂をどのように理解するかである。秀家の上坂は輝元の上坂とくらべるとかなり早いだけでなく、独自の判断に基づいている。三成と恵瓊の謀議成立を十

秀家が参詣した豊国神社（京都市東山区）

一日だとすれば、秀家の上坂はこれとは無関係だということになる。換言すれば、秀家の上坂は会津出陣のためであり、先発した先手衆の後を追うつもりだったのではないか。だとすれば、豊国神社への二度にわたる異例の参詣の意味も解ける。従来は秀家が秀吉遺命の忠実な実行のため徳川打倒を念入りに祈願し、豊家家門として秀頼を擁護する立場を鮮明にしたと理解されている。

しかし、そうした理解は秀家をことさら美化することになる。つまり、七月五日の一度目の参詣は会津出陣の戦勝祈願だった。その後、秀家が一転して西軍に属したために、改めて祈願をやり直す必要が生じたので、二十三日の二度目の参詣が徳川打倒の戦勝祈願になったと考えられないだろうか。秀家が西軍に加担する気になったのは、三成らの誘いもさることながら、輝元の去就をみての決断だと思われる。

あまり知られていないが、秀家は毛利家と入魂《じっこん》になろうとしていた形跡がある。毛利家側の記録によれば、秀吉は死の直前の慶長三年（一五九八）八月十三日、「宇喜多とご縁辺仰せ談ぜられ候」、つまり、輝元の嫡子松寿丸《しょうじゅまる》と秀家の女《むすめ》の縁談を命じていた。秀家はこれをうけて、毛利家と入魂になろうと毛利家を度々訪れていた。「宇喜多事、日々殿様へ参るの由候、家中の者共の悦《よろこ》び候事大方《おおかた》に非《あら》ずの由風聞候」とあるほどである（『萩藩閥閲録』第三巻 内藤小源太譜）。こうした毛利家に対する親近感から、秀家も輝元と去就を共にしようとしたと思われる。

以上みてきたように、西軍に属した諸大名のうち、家康打倒という明確な意思をもっていた者はきわめて少ないことがわかる。輝元・秀家・吉継といった西軍首脳ははじめ、ことごとく会津表へ出征しようとしていた。一子重家を吉継に託そうとしていた三成とて例外ではない。

しかしながら、会津出陣という軍令は、一面で公然たる軍勢の移動を可能にしたばかりか、反徳川派＝西軍の結集さえ容易にする軍事的基盤をも提供したのもたしかである。そのことを鋭く見抜いていたのが、ほかならぬ三成と恵瓊だったと思う。この点に関して、大谷吉継

大谷吉継の居城・敦賀城跡の碑が立つ真願寺（福井県敦賀市）

もいるではないかという意見もあるかもしれない。

しかし、吉継はそれほど家康を敵視していた形跡はない。豊臣「公儀」にとって家康が危険な存在であるという考えは最初からもっておらず、むしろ、家康の台頭は致し方ないと考えていた節がある。たとえば、前田利長に謀反の嫌疑がかけられたときも、吉継は家康と利長の間に立って奔走している。宇喜多家中の内紛騒ぎでも、吉継は榊原康政とともに仲裁している（もっとも、『当代記』によれば、吉継は秀家の肩をもち、老臣衆を支持した家康と意見を異《こと》にしている）。これらの事実から、吉継はほぼ中立的な立場にあったとみてよい。

それなのに、吉継が一転して三成に味方し

たのは、よく知られているように、三成との個人的な友情に殉《じゅん》じたからであろうか。勝ち馬に乗ったり、実利で動く大名が多いなかで、吉継こそ稀《まれ》にみるほど信義に厚い人物だといわれているが、果たしてそうなのだろうか。

一時は豊臣政権の奉行までつとめた吉継が三成との挙兵に同意したのはそのようなきれい事だけではすまされないと思う。追い込まれての挙兵ならともかく、機をとらえての挙兵なら、できるだけ勝つ見通しを立てておくのが自然の理であり、それこそ一族や多数の家来を召し抱える大名という名に値するものである。吉継はその点を危ぶんで、はじめ三成に反対したのであろう。だが、三成が恵瓊を通じて輝元を盟主に祭り上げればどうかと逆提案したことにより、吉継もそれならば成算ありとみて、二人の構想に乗ったと考えられる。

つまり、西軍を組織しようとしたのは、三成・吉継・恵瓊の三者というより、はじめは三成と恵瓊の連携だったのではないか。三成は西軍挙兵の核心を輝元の推戴に置いていて、かなり早くから水面下で恵瓊と接触していたのではないかと思われる。

【謎7】前田利長・利政はどちらにつくつもりだったのか

利長の会津不出馬の意図

会津出陣の軍令は加賀・能登《のと》・越中《えっちゅう》三カ国の太守前田利長・利政兄弟にも届いていた。すでに五月十七日、生母芳春院は人質として江戸に下っていた（到着は六月六日）。

六月六日、徳川家康は大坂城西ノ丸に諸大名を召集して会津攻めの部署を定めた。攻め口は五カ所で、白河口《しらかわぐち》は家康・秀忠、信夫口《しのぶ》は伊達政宗、米沢口《よねざわ》は最上義光《もがみよしあき》、仙道口《せんどう》は佐竹義宣、そして津川口（越後口）は前田利長がそれぞれ大将と決まった。津川口とは下越《かえつ》と会津の境目（現・新潟県東蒲原郡阿賀町《ひがしかんばらぐんあがまち》）で、会津に通じる若松《わかまつ》街道が通っている。利長の与力として、堀秀治・同直政・同直寄《なおより》・村上義明《むらかみよしあき》・溝口秀勝《みぞぐちひでかつ》ら越後衆が従うことになった。

しかし、この軍令も七月十七日に西軍が結成されるという上方情勢の急変により、非常に流動的になった。この混乱のなか、七月二十六日、利長・利政兄弟は一転して兵を南に進めることに決した。この日、金沢を発した前田勢はじつに二万五〇〇〇余人の大軍だった（「山口軍記」）。

この出陣にはいささか曖昧で疑問な点がある。それは家康の軍令を奉じての出陣なのか否かという点である。というのは、二十六日までに、家康から会津出陣取り止めという任務変更の軍令はまだ届いていない節があるからである。だとすれば、利長兄弟の独自の判断ということになる。

前田勢が進発した七月二十六日付で、家康が堀秀治（越後春日山《かすがやま》三〇万石）に宛てた書状には、東軍先手衆がこの日に上方に向かい、自分も会津表の守りを固めてから上洛するつもりでいることを知らせている。そして秀治に対しても「その地仕置いよいよ堅固に仰せ付けらるべく候、肥前衆もこの時に候間、ずいぶん精を出《いだ》さるべきの由に候、心安かるべく候」と指示している（『新訂 徳川家康文書の研究』中巻）。

引用中、「肥前衆」は利長勢を指す（利長の官途は肥前守）。つまり、東軍主力が上方に反転したことで会津表の守りが薄くなるのを不安がっていると思われる秀治に対して、「前田勢が出精《しゅっせい》するはずなので安心してほしい」と家康が告げていることになる。となれば、家康は二十六日時点においてもまだ利長を津川口に出陣させるつもりでいたことになる。

なお現存する史料で、家康が利長に何らかの軍令を示したことが明確に判明するのは、土方雄久を八月一日に利長のもとに使者として向かわせたことである（「天寛日記」）。雄久は先に家康暗殺を企てたとして常陸の佐竹義宣に預けられていたが、家康はこれを赦免して金沢に遣わしたのである。家康が使者の人選にこだわったのには理由がある。雄久は芳春院の甥にあたる。前田家の親戚筋である雄久を赦免したのは、おそらく芳春院の希望に応《こた》えたものであり、家康の利長懐柔の意図がみえる。こうしてみると、二十六日の前田勢の出陣は家康の軍令ではなかった可能性が高くなる。

一方、当然ながら利長のもとには西軍からも同心を呼びかける誘いがあった。七月二十七日付で毛利輝元・宇喜多秀家の二大老連署により「秀頼様への馳走」を求める書状が届いている（「加賀古文書」）。

また利長の老臣村井《むらい》重頼《しげより》の覚書にも「関原《せきがはら》の時、秀頼様より大谷刑部少（吉継）・増田右衛門（長盛）などより御印を持たせ、ご味方成られ候はば、北国七カ国進《しん》ずべき旨申し越し、金沢御殿にて相談」とあるように、大谷吉継と増田長盛からも大禄をもって西軍加担を勧誘する書状が送られている（「村井重頼覚書」）。

二大老の連署状とは別に、西軍は秀頼の名で北国七カ国を与えるという具体的な恩賞まで提示していたというのである。この書状の日付がわからないが、二十六日以前であれば、同日の越前出陣とまったく無関係とはいえないような気がする。一説によれば、十五日にも

「三成が廻文《かいぶん》到来」したという。もっとも利長は「肯《がえ》んぜず」と拒否したらしい（『武家事紀』巻之二十三）。

　村井の覚書によれば、このとき、主だった家臣を集めて評定が開かれ、「ご陣立《じんだて》の時、（大坂方に）お味方成さるも然《しか》るべきと申し上げられ候衆御座候」とあるように、重臣のなかには西軍につくべきだという意見が少なからずあったことは注目されてよい。西軍に味方すべしと主張した重臣が誰かといえば、判明しているのは高畠定吉《たかばたけさだよし》である。定吉は利家の代からの譜代重臣で、従五位下《じゅごいげ》石見守《いわみのかみ》に叙任《じょにん》され一万七〇〇〇石を領していた。また利家の末妹津世の婿でもあった（『加賀藩史稿《かがはんしこう》』巻之四）。

　利長は定吉の主張に不快感を露《あら》わにした。「象賢紀略」によれば、「殊《こと》の外《ほか》利長公ご機嫌あ《（悪）》しく、ご叔母《おば》婿に候へ共、跡もしかとお立てなく候。これは芳春院様お捨て候て、上方と一所にお成り候へと申され候事」とある。それほどいうなら、芳春院を捨てて上方に奔《はし》ればよいと、利長が色をなしたというのである。

　これをもって、家中には異論があったけれど、利長が家康に味方することに決したと理解してよいのだろうか。必ずしもそうはいえない。家康の軍令を奉じるつもりなら、越後方面への出陣を考えるべきはずなのに、実際は反対の越前方面に兵を進めている。かといって、西軍に味方したことにもならないと思う。利長が領国を空けて越後表に出陣すれば、その留守を挙兵した西軍に衝かれる恐れがある。利長はその点も考慮しなければならなかった。

思うに、首鼠両端《しゅそりょうたん》を持したというべきか、東西両軍の対決のはざまにあって、自己利益を追求したのではないか。すなわち、加賀南半や越前《えちぜん》の切り取りを策したとみるべきだろう。これは「北国七カ国」切り取り次第という西軍との約束を既成事実化しているようにもみえ、一方で津川口出陣への地均《じなら》しをするため背後の安全を確保する軍事行動にもみえる。東西両軍に義理が立つといえなくもない。

利長の曖昧で不可解な軍事行動に関して、池田公一氏が興味深い見解を示している。これに先立つ五月、家康の会津出陣の風聞が立ったとき、大谷吉継が利長に「内府のお指図次第」に動けと指示しておきながら、今度は「秀頼様のため西軍に味方せよ」と矛盾したことを申し送ってきた。吉継の手前勝手な言動に利長が大いに不信感を抱いたというのである（池田・二〇〇〇）。

吉継に対する遺恨により、利長が吉継の息がかかる越前への侵攻を試みたというのは興味深い解釈である。加賀南半から越前にかけて潜在的な敵対勢力を無力化できれば、会津方面への出陣の自由も確保したことになる。利長としては一挙両得を狙った作戦だったといえるかもしれない。もっとも、事は利長の望むようには運ばなかった。この出陣で、前田勢は丹羽長重（加賀小松一二万五〇〇〇石）と浅井畷《あさいなわて》で戦って敗北している。

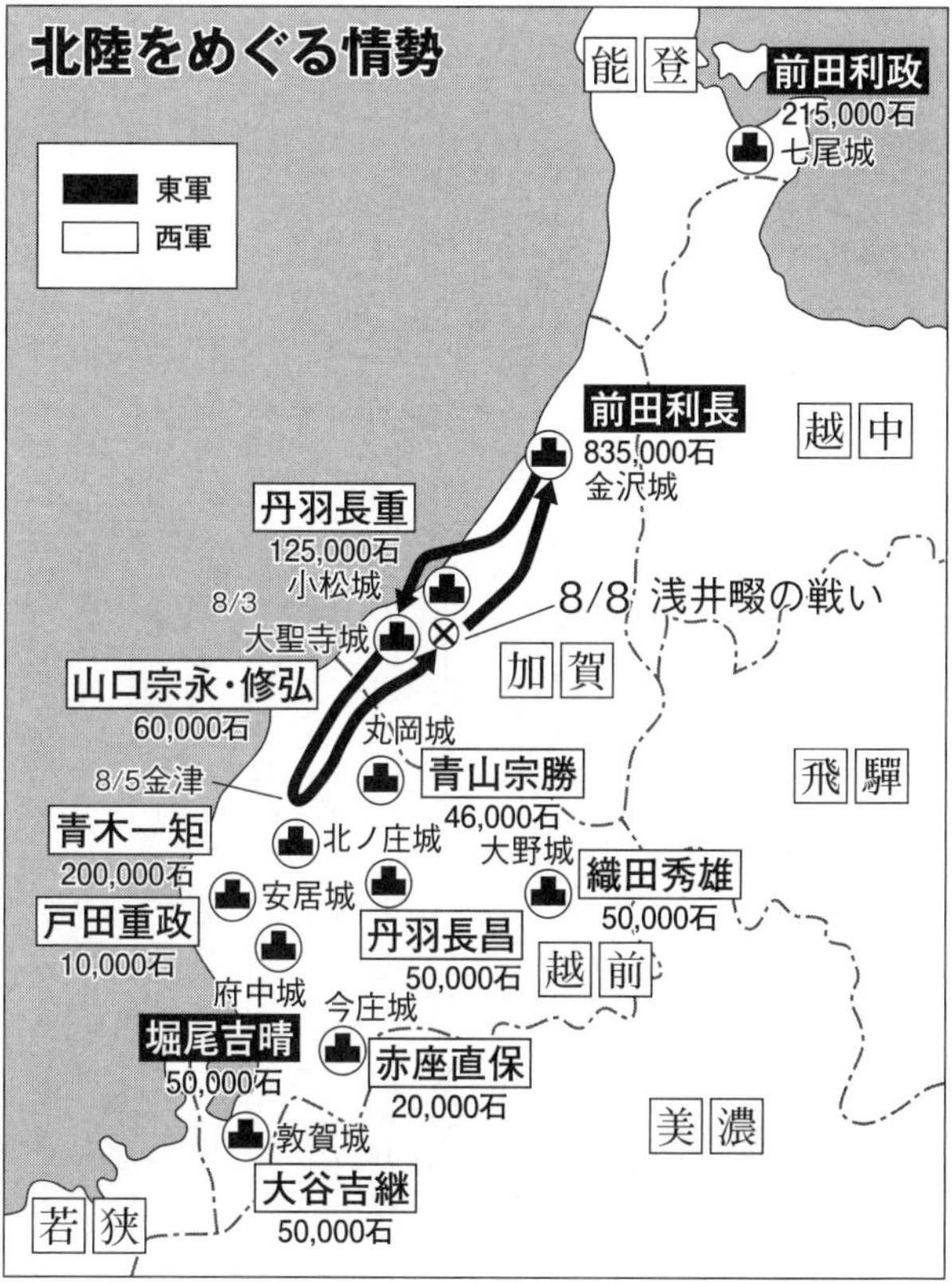
北陸をめぐる情勢
東軍
西軍
能登
前田利政
215,000石
七尾城
前田利長
835,000石
金沢城
越中
丹羽長重
125,000石
小松城
8/3
大聖寺城
8/8 浅井畷の戦い
山口宗永・修弘
60,000石
加賀
丸岡城
青山宗勝
46,000石
8/5金津
飛騨
青木一矩
200,000石
北ノ庄城
大野城
織田秀雄
50,000石
安居城
戸田重政
10,000石
丹羽長昌
50,000石
越前
府中城
今庄城
堀尾吉晴
50,000石
赤座直保
20,000石
敦賀城
美濃
大谷吉継
50,000石
若狭

丹羽長重が西軍に属していたかどうかは微妙である。石田三成は「五郎左《ごろうざ》（長重）は手前へ出入数《（致カ）》抔《など》と申すに付き」と西軍に味方していると認識している（『関原軍記大成』巻之六）。一方、『新訂 寛政重修諸家譜《かんせいちょうしゅうしょかふ》』の丹羽長重譜（巻六九九）ではそれを認めず、戦後の改易処分に対して「これ利長さきの敗軍を憤り、をのれ《（己）》を讒《ざん》せしなり」と憤記していると同時に、徳川秀忠との「積年のおしたしみ」を強調している。

浅井畷の一戦は東軍の前田と西軍の丹羽の戦いというより、前田方の拡張主義に対して、丹羽方が自存自衛の行動に出たものと思われる。そもそも、前年九月に利長謀反の噂が出たとき、長重は家康から加賀出陣の先手役を命じられていたくらいである。また前田家側の記録「袂草《たもとぐさ》」によれば、利長の今回の出陣に先立ち、前田方から「秀頼公守護のため」上洛するので、丹羽領通過の際、丹羽方に入質《じゅしち》を要求している。両者で交渉が行われたが、条件が合わずに決裂している。また「秀頼公守護のため」という前田方の言い分は西軍への加担ととれないこともない。

丹羽方からみれば、交渉決裂は事実上の交戦状態に入ったに等しいととらえてもおかしくない。だから、これは東西どちらにつくかという以前の問題であり、前田勢の領内通過を指をくわえて看過できなかったものと思われる。

ともあれ、前田勢は八月三日、山口宗永《やまぐちむねなが》・修弘《ながひろ》父子のこもる大聖寺《だいしょうじ》城を攻略し、その勢いで越前に打ち入れて金津《かなづ》に滞陣した。その大軍に恐れをなして、青木一矩《あおきかずのり》（北ノ庄《きたのしょう》二〇万石）など越前の大名が恭順した。

しかし、八月五日、利長は突如、退陣に移った。その理由は利長の妹婿、中川光重《なかがわみつしげ》（のち宗半）が金沢に帰国途中、吉継に強要された一書をもって西軍の大挙北上を告げたのに驚いたからだとされている。この書状は明らかに偽作である。「三壺聞書《みつぼききがき》」（三壺記）と「可観《かかん》小説《しょうせつ》」に収録されたこの書状を比較してみると、文面が異なるだけでなく、重要な疑点がある。

まず「三壺聞書」では日付が八月十三日になっている。この日付の頃には浅井畷の戦い（八月八日）は終わり、利長はとっくに金沢に帰っている。また宛所が「横山城州《じょうしょう》」になっているが、横山長知が山城守《やましろのかみ》の官途を名乗るのは元和《げんな》三年（一六一七）九月に従五位下山城守に叙任されてからである。慶長五年（一六〇〇）当時は大膳《だいぜん》という官途名だった（『加賀藩史稿』横山長知譜）。

「可観小説」では、日付が八月三日である点はよいとしても、差出人が「中川宗半」になっている。光重が宗半と号するのは慶長十六年（一六一一）のことだから、これもおかしい（『加賀藩史稿』中川光重譜）。また同書によれば、光重は八月三日の大聖寺城攻めで、利政の手に属して鐘ケ丸《かねがまる》という曲輪《くるわ》の城壁を破る戦功をあげている。このことからも、光重が吉継の恐喝をうけたとするのは辻褄が合わない。

　以上から、吉継が光重を利用した謀略説というのは成立しないことは明らかである。では、利長退陣の本当の理由は何なのか。

　まず考えられるのは、戸田《とだ》重政《しげまさ》（越前安居《あご》一万石）から急報がもたらされたことである。これは前田家側の「前田《まえだ》出雲《いずも》覚書《おぼえがき》」にある。それによれば、次のような内容だった。

「一族の内記《ないき》が三成と『衆道《しゅどう》の知音《ちいん》』である関係から見捨てられない。しかし、前田家には『多年のご厚懇《こうこん》』があるのでお知らせするが、すでに西軍の諸勢が越前に向かっていること、家康公もまだ出勢していないのに、賀越《かえつ》の国境に出陣されて、前に大敵、後ろに小松城をかかえて、『御一所』（利長）だけ上洛するのはいかがなものか。家康公と打ち合わせられてから、改めて出勢されたほうがよいのではないか」。

　すでに三成と挙兵を打ち合わせた吉継が居城の敦賀《つるが》に帰り、越前の諸大名を寄騎として糾合し、前田方の南下に備えていた。戸田重政もその一人だったが、前田家との多年の付き合いからひそかに利長に吉継らの動静を知らせたのである。

　もっとも、これも吉継の差し金だった可能性が高い。重政の口から家康が上方に不出馬であると知らせると、利長はその情報の確度が高いと判断して、それ以上の南下を思い止まる効果を期待していた節もある。

利政の居城・七尾城跡（石川県七尾市）

なお、この重政の書状が先にみた中川光重のそれと混同されたともいわれている。というのは、光重と重政はともに官途名が武蔵守で、一説によると、重政も一時、中川姓を称したともいわれている（『加賀藩史稿』中川光重譜）。

利政不出馬の理由

八月十日頃、利長はいったん金沢に帰ったが、すぐさま再征の支度にかかった。越前に集結しつつあった西軍諸勢が丹羽長重の小松城に入ったという知らせがあったからである。利長が領国防衛のためにも小松城を攻める必要があった。

そのため、利長は十三日付で能登七尾《ななお》の弟利政に軍勢催促の下知状を送った。しかし、今度は利政が言を左右にして出陣に応じなくなった。そのうち、家康からの使者が来て、美濃口で合流すべき旨を伝えてきた（『新訂 徳川家康文書の研究』中巻）。

さらに家康からも何度か軍勢の催促があった。また赤坂《あかさか》に集結した東軍先手衆のうち、福島正則・細川忠興・加藤嘉明・黒田長政・藤堂高虎らからも岐阜《ぎふ》城攻略を知らせてきた。これに対して、利長は黒田長政・藤堂高虎に宛てた九月三日付の書状で「一両日中に小松表急《き》度《っと》相働くべき覚悟に候」と、小松城攻めの決意を披瀝している（『黒田家文書』一—一六九号）。

とくに家康が芳春院付きの老臣村井長頼に宛てた書状（八月二十六日付）には「北国の儀、切り取りに進《しん》じ候」とあり、利長の加賀南半や越前切り取り次第を認めた内容だった。しかも家康が久しぶりに書いたという自筆のものだったから、長頼ひいては利長が恐懼《きょうく》したに違いない（『新訂 徳川家康の文書の研究』中巻）。

しかし、東軍諸将に約束した九月五日になっても利長は出陣できず、ようやく金沢を発したのは十一日のことだった。この遅延はひとえに利政の軍役拒否によるものである。能登七尾二一万五〇〇〇石の利政の兵は前田勢の三分の一近くを占める。その不参は由々《ゆゆ》しき事態だった。なぜそのようなことになったのか。

利政は秀吉死後の慶長四年（一五九九）正月、秀頼警固の詰番衆《つめばんしゅう》（壱番《いちばん》）に任ぜられており、ことのほか豊臣家に対する忠節が厚かったとされる（「古文書集」）。また「象賢紀略」によれば、利長が帰国してから謀反の風聞が立ったとき、利政は帰国しないで鷹狩《たかがり》に興じて、両者の対立に無関心の体を装っていた。家康側から利政に「目付《めつけ》」がつけられていたが、その様子を「ただものにはあらず」と報告したという。

しかし、利政のサボタージュは、たとえば真田父子の進退のように、東西両軍に二股かけるといった政治的理由が存在したとは思えない。利政が軍役拒否という挙に出た最大の理由は上方に残してきた「女共」だったと思われる。利政の正室《せいしつ》は蒲生氏郷《がもううじさと》の女であるが、おそらく彼女の安否を気遣ったのであろう。

「国初遺文《こくしょいぶん》」によれば、これに先立つ六月十六日、利政は「田　清六」なる上方に住する人物に宛てて「女共北国へ罷り下す様、連々《れんれん》ご才覚頼み入り申し候」と、女房衆の帰国を取り計らってくれるよう依頼している。「田　清六」とは田中清六という商人で、奥州稗貫《ひえぬき》郡の出身。南部信直から二〇〇石給せられていた（『岩手県史』第五巻・近世篇2）。信長時代から鷹商として奥羽《おうう》地方に出入りしていた。会津陣のときは米沢口に詰めた秋田《あきた》・戸沢《とざわ》・仁賀保《にかほ》など出羽の諸将に家康の命令を伝えている（『新訂 徳川家康文書の研究』中巻）。

しかし、このとき女房衆の帰国はかなわなかった。帰国する大名は大坂か伏見に人質を置いておく豊臣政権の決まり事を破れなかったものと思われる。利政はずっとこのことが気がかりだったのだろう。

一方、利長は江戸の村井長頼に宛てた書状（九月五日付）でその苦衷《くちゅう》を吐露している（「瑞龍公親翰《ずいりゅうこうしんかん》」）。

「孫四郎《まごしろう》（利政）の女共が上方に居ることについて、孫四郎が色々のいいわけをして能登に居座り、人数（軍勢）を出せないと言ってきたので、こちらも一応事情を話した。（九月）半ばには境目（国境）に出陣したいのに、このようなことではかばかしくないこと、天に見放されたような気分だ。このような申し開きを内府（家康）にできるはずがないので、私の困惑ぶりを察してほしい」。

図らずも利長の本音が赤裸々に告白されている。利政はもし前田勢が東軍に合流して近江か美濃表あたりで西軍と激突すれば、大坂に押し込められている自分の「女共」の身の上に何が起こるかわからないと心配し、ついには思いつめて兄から命じられた軍役を拒否したのである。

これに対して、秀頼に忠節を尽くすために家康に与《くみ》したくなかったのではないかという反論があるかもしれない。それなら建前だけでもそうすべきである。たとえ「女共」への心配が本音だとしても、それを表向きの理由にするとはふつう考えられない。利政が本音をぶつけてきたから、利長が嘆くのももっともである。

二〇万石の大名にはあるまじき言動と批判するのは容易だが、逆にいえば、利政の大名らしからぬ人間くささが感じられる。戦後、利政は不参の罪で改易の憂き目をみたが、決して後悔しなかったのではないか。兄を通じて大名への復帰運動もせず、宗悦《そうえつ》と号して正室蒲生氏とともに洛北《らくほく》嵯峨《さが》野《の》に隠棲《いんせい》した。

もし関ヶ原合戦での軍役拒否が豊家に対する忠節といった政治的理由であったなら、利政は大坂の陣のとき、豊臣方に馳せ参じたのではないか。そのような行動にも出ていないから、利政はあくまで夫人と風流を楽しみたかったと思われる。

第二部

関ケ原前哨戦

――小山評定から家康赤坂着陣――

【謎8】家康はなぜ小山・江戸に長く留まったのか

小山評定——家康の計算違い

家康は会津《あいづ》表《おもて》出陣のため、六月十六日に大坂を発《た》ち、七月二日に江戸に到着した。江戸を発ったのは同月二十一日で、二十四日には野州《やしゅう》小山《おやま》に到着している。

この頃には、家康が企図した対上杉包囲網は津川口《つがわぐち》を除いてととのいつつあった。たとえば、信夫口《しのぶ》から上杉領に侵攻した伊達政宗《だてまさむね》は家康が小山に着陣した翌二十五日に上杉方の白石城《しろいし》を攻略している。棚倉口《たなくら》の佐竹義宣《さたけよしのぶ》、米沢口《よねざわ》の最上義光《もがみよしあき》らも布陣《ふじん》を完了しつつあった。津川口に関しては、主将たる前田利長《まえだとしなが》の未着の一方で、上杉旧臣の一揆《いっき》による攪乱《かくらん》作戦が始まっており、堀秀治《ほりひではる》がその鎮圧《ちんあつ》に乗り出していた。

そういう戦況下で、家康・秀忠《ひでただ》父子が白河口《しらかわ》に着陣した。父子の率いる一門《いちもん》・譜代《ふだい》衆に豊《ほう》家《け》譜代の諸大名を合わせると、「都合六万九千三百」とも「八万一千人」ともいわれる（「東《とう》

照宮《しょうぐう》御事蹟《ごじせき》」同年七月二十四日条、『関原軍記《せきがはらぐんき》大成《たいせい》』巻之六）。

家康の着陣とともに、宇都宮《うつのみや》に在陣していた秀忠はじめ諸将も小山に来て、軍評定《いくさひょうじょう》が開かれた。これが有名な小山評定である。ただ、小山評定が開かれた日にちについては、二十四日と二十五日の二説がある。『史料綜覧《しりょうそうらん》』巻十三では二十四日に綱文《こうぶん》を立てているが、最近では二十五日説が採《と》られているようだ（『新訂 徳川家康文書の研究』中巻ほか）。

評定が開かれるきっかけは、二十四日夜に届いた伏見《ふしみ》城代《じょうだい》の鳥居元忠《とりいもとただ》からの使者により上方《かみがた》情勢の急変を知ったからである。秀忠や諸将の多くが在陣する宇都宮と家康のいる小山の距離（約二八キロ）を考えると、評定が開かれたのは翌二十五日としたほうが自然である。

小山評定跡（栃木県小山市）

小山評定のいきさつについてはよく知られているので割愛《かつあい》する。問題にしたいのは、評定で西軍挙兵についての情報がどの程度共有されたうえで、上方への反転が決断されたのかということである。

ポイントは七月十七日付で発せられた「内府《ないふ》ちがひの条々」がすでに東軍諸将に伝達されていたかと

いう点にある。従来、このことは軽視されているが、意外と重要だと思う。西軍の陣容がどの程度だったのか、その把握に大きな違いが生じれば、小山評定の成り行きももう少し違ったものになったかもしれないからである。

家康の同朋衆《どうぼうしゅう》板坂《いたさか》卜斎《ぼくさい》の「慶長記」によれば、石田《いしだ》三成《みつなり》と大谷《おおたに》吉継《よしつぐ》の共謀を家康の側近永井《ながい》直勝《なおかつ》にひそかに注進した増田《ました》長盛《ながもり》の書状が届いたのが、七月十九日申《さる》の刻《こく》（午後四時）である。家康がまだ江戸にいるときだった。この書状は写しがつくられて、宇都宮に向かっている諸将に回覧された。

この情報に加えて、伏見城代の鳥居元忠らの使者が七月二十四日に小山に着到していた。それによれば、西軍から伏見城明け渡しを求められており、開戦間近であることなど、十八日時点における上方の緊迫した状況を知らせていた（笠谷和比古・一九九四、「東照宮御事蹟」同年七月二十四日条）。

この元忠からの注進のなかに「内府ちがひの条々」が含まれていたかどうかは微妙である。私見では、その後の家康の動揺ぶりから考えて、この時点では、家康はまだ知らなかった可能性がある。

「東照宮御事蹟」によれば、二十四日夜、鳥居元忠・内藤家長《ないとういえなが》らの使者浜島無手右衛門《はまじまなでえもん》がやってきたが、小者《こもの》・中間《ちゅうげん》の身なりのうえに、元忠の書状も持参しておらず、本多正純《ほんだまさずみ》に口上を述べただけだったという。その口上の内容は不明であるが、いずれにしろ、家康周辺はその情報の精度を確認する術《すべ》がなく、西軍の実態を十分に把握できていなかった可能性が高い。

その根拠として、まず黒田長政《くろだながまさ》宛《あ》て家康書状を挙げたい。これは七月二十九日付だから、小山評定ののちのものである。上方に向かう途中の長政を家康が相談のため急遽《きゅうきょ》、小山に呼び戻した書状で、「先度お上り以後、大坂奉行《ぶぎょう》(衆)亦別心《べっしん》の由《よし》申し来たり候《そうろう》間、重ねて相談せしむべきと存じ候」云々《うんぬん》とある（『新訂 徳川家康文書の研究』中巻）。

東軍先手《さきて》の諸大名が上方に反転してから、大坂奉行が叛逆したというのである。すでに七月十九日、一度は奉行の増田長盛が三成・吉継の謀議を急報してきていたのに、今度は心変わりしたことに、家康が驚いているのである。つまり、家康は小山評定の時点で、二大老と三奉行が西軍挙兵に加わっていたことや「内府ちがひの条々」の存在とその中身を知らなかったのではないかと思われるのである。

また、榊原康政《さかきばらやすまさ》が小山評定の二日後の二十七日付で出羽秋田《でわあきた》の秋田実季《さねすえ》に宛てた書状にも次の一節があった（右同書）。

然《しか》るは上方に於《お》いて、石治少（三成）・大刑少（吉継）、別心仕《つかまつ》るに付きて、大坂より御袋《おふくろ》様并《なら》びに三人の奉行衆、北国羽肥州（前田利長）など、早々内府上洛致《じょうらくいた》さるる尤《もっと》もの由申し来たり候間、右の別心仕る両人成敗のため、今度此方《こなた》えお下り候、敵を過小に、味方を過大に見せる宣伝文書でないとは言い切れないものの、榊原康政がこの時点でなお、敵を三成・吉継の二人だけに限定しているばかりか、増田長盛ら「三人の奉行衆」を味方だと認識している点は注目すべきであり、「内府ちがひの条々」の存在を小山評定どころか、その二日後になっても、康政が、ひいては家康が知らないでいた可能性が高い。

また傍証のひとつとして、細川忠興《ほそかわただおき》の夫人ガラシャ自害の一件がある。この事件は「内府ちがひの条々」が発せられたのと同日の十七日に起きている。細川家の記録によれば、忠興がガラシャの自害を知ったのは、小山評定ののち上方に向けて発した二日目の二十七日のことだった（『綿考輯録《めんこうしゅうろく》』二巻十二）。

同書にはもっと注目すべき記述もある。二十七日、忠興主従が「上蓑」宿《じゅく》（武蔵国か）に到着したとき、家康の飛脚《ひきゃく》が来て、加藤嘉明《かとうよしあき》を同道して小山に引き返すよう伝えた。忠興がわずかな近習《きんじゅう》だけを連れて小山に引き返すと、家康は「最前は上方ご出馬と仰《おお》せ出《いだ》され候へども、上方一統せし上は、先《ま》づ江戸ご在城ありて、今迄《いままで》のご領分をお持ち堅《かた》めあるべし」と述べたというのである。

つまり、小山評定で上方出馬と決めたけれど、その後、「上方一統」が成るという新たな事態が起こったので、とりあえず江戸に留《とど》まることにしたと家康が述べたという。「上方一統」とは、三成・吉継だけでなく、二大老・三奉行はじめ西国《さいごく》の諸大名が上方を占拠したことを指しているのはいうまでもない。

もっとも、これに反駁《はんばく》する史料もないわけではない。「慶長記」には「廿《にじゅう》四日内府ちがひの条々とて十三ヶ条の書物上方より越し候」とある。同書は比較的信頼のおける史料だが、この前後のくだりに関しては、とくに日付の混乱が多々みられる。たとえば、家康が江戸に着いたのを六月三十日、小山着陣を七月二十三日、小山評定を同月二十七日としている。いずれも通説とくらべて一日ないし二日のズレがあって、いまひとつ信が措《お》けない。

なぜこの点にこだわるかといえば、「内府ちがひの条々」の発給主体は三奉行で、それを二大老が後押ししているのが明らかだったからである。家康は上方謀反《むほん》と聞いて、三成と吉継を首魁《しゅかい》にして、それに一部の大名が加担した程度だと判断していた。ところが、実際は豊臣「公儀《こうぎ》」の中核である三奉行と二大老が加わっていたから、その陣容は家康の予想以上に盛大だったわけである。とくに、輝元《てるもと》と秀家《ひでいえ》の二人は在国していたはずで、その名代《みょうだい》が会津表に参陣する予定になっていたから、家康は大きな判断ミスをしていたことになる。

ともあれ、小山評定の結果、「諸将みな上杉は枝葉なり。浮田《うきた》・石田等は根本なり」（「東照宮御実紀」巻四）ということで、上杉方に備えながら、主力は上方に反転することに決した。それに伴い、豊家譜代の諸大名が先手衆として西上《さいじょう》することとなった。なかでも「清《きよ》洲《す》・吉田《よしだ》両城は敵地に近きをもて、正則《まさのり》・輝政《てるまさ》先陣あるべし、引きつづき先手は清洲に着陣し、我が父子出馬を待《まつ》るべし」となって、福島《ふくしま》正則と池田《いけだ》輝政が両先手に指名された。そして翌二十六日から先手の諸勢が続々と西に向かった（右同書）。

家康の手紙作戦から見えるもの

東軍の先手衆が上方に向かったのちも、家康は八月二日までの数日間、小山に居残った。上杉方に対する備えを厳重にしておく必要があり、また主力の転進により、対上杉包囲網に参加している諸大名の不安を除去しておく作業も必要だった。

家康が小山を発する八月二日付で伊達政宗に宛てた書状には、先手衆が清洲まで進出する予定であり、東海道の主だった城には守備兵を置き、それぞれの城主から人質を取っていることを知らせながら、「中納言《ちゅうなごん》、この地に差し置き候条、万事ご相談あるべき事」と記して、秀忠が白河表の総大将として残るので、何事も相談されたいと申し送っている（『新訂 徳川家康文書の研究』中巻）。

これは対上杉包囲網の要《かなめ》である政宗に対する配慮であるのは間違いない。嫡男《ちゃくなん》秀忠を自分の名代として宇都宮に残しておくことで、会津表の仕置《しおき》を決しておろそかにしないという意思表示だった。

家康が江戸に戻ったのは八月五日である。それから九月一日に進発するまでの一カ月近く、家康はずっと江戸に留まったままだった。その間、先手衆は十三日に清洲入城を果たして家康の着陣を今か今かと待っていた。一方、宇都宮に留まっていた秀忠勢も二十四日には家康の命をうけ信州《しんしゅう》へ向かっている。

なぜ家康は江戸を動かなかったのか。否、動けなかったのである。それは二つの理由からだった。ひとつは、東海道を進軍している豊家譜代の諸大名の去就に改めて疑念が生じていたこと。もうひとつは対上杉包囲網に参加している諸大名が万が一の事態（上杉方の攻勢など）のため、家康の江戸滞陣を望んでいたことである。

ひとつ目からみてみよう。家康は小山評定で福島正則はじめ豊家譜代の諸大名の去就を確認したつもりだったが、新たな情報が上方からもたらされたことにより疑心暗鬼《ぎしんあんき》にとらわれた。小山評定ののち、家康がしばらく小山に留まっている間に、「内府ちがひの条々」に接して衝撃をうけたようである。首謀者の三成・吉継のほかに二大老・三奉行が加担したと知って、福島正則の向背《こうはい》がふたたび気になり出した。七月二十九日、家康は側近の奥平貞治《おくだいらさだはる》を遣わして、信任する黒田長政を急ぎ小山に呼び戻している（『新訂　徳川家康文書の研究』中巻）。

すでに相模《さがみ》の厚木《あつぎ》まで達していた長政は何事かと思って小山にとって返した。「長政記」によれば、家康が「福嶋は何方《いずかた》へ心を属《しょく》し候や。秀吉《ひでよし》にしたしき者なれば、敵方には成りまじきか」と尋ねた。これに対して長政は「左衛門大夫《さえもんのたいふ》事、御方《（家康）》に属し申すべくと存じ候。殊《こと》に石田と中あし《（仲悪）》く候」と答えた。その後、正則が清洲城を明け渡すかどうかも確認したうえで、家康はようやく満足したという。

また「大三川志《だいみかわし》」によれば、「正則は太閤《たいこう》の恩顧《おんこ》に依《よ》りて列侯となり、殊に秀頼《ひでより》の親戚《しんせき》なる故《ゆえ》に一旦《いったん》三成を憎み、神祖《（家康）》に与力《よりき》すとは雖《いえど》も、遂に秀家に勧められ心を変ずる事も有らんと密《ひそ》かに疑惑もあらせられ」云々とあって、正則が宇喜多《うきた》秀家に説得されるのではないかと家康が恐れていたという（「東照宮御事蹟」九月一日条）。

もうひとつの理由だが、上方反転と決したといっても、上杉景勝《かげかつ》の動向がなお不気味で、佐竹義宣の向背も定かではなかったから、これに備える諸大名の間には、家康の江戸帰還を不安がる大名も多かった。

佐竹義宣（常陸水戸《ひたちみと》五四万石）も表向き、家康の軍令を奉じて白川郡《しらかわぐん》棚倉まで出陣してはいた。しかし、牢人《ろうにん》を集めるなど不穏《ふおん》な動きがあった。もともと、佐竹氏は豊臣政権との関係が三成を取次《とりつぎ》として結ばれており、太閤検地《けんち》もまた三成が総奉行をつとめるほど親密な間柄にあった。

家康は小山に着陣する前後に二、三度、義宣に使者を送っている。一度目は二十三日に嶋《しま》田重次《だしげつぐ》が行き、二度目は二十四日に古田重然《ふるたしげてる》と嶋田重次の二人が義宣に人質を出すよう要求している。これに対して義宣は「かつて小田原《おだわら》の北条《ほうじょう》氏と堪忍《かんにん》できない関係にあったが、当時、（北条氏と姻戚《いんせき》だった）家康公に対して異義《(ママ)》を申し上げたことがあろうか。人質として進上するほどの者は上方に置いてきたので、さしあたり進上できる者は一人もいない」と拒否したという（「慶長記」上）。

それからほどなく、義宣は上杉方と通じている。西軍が上方で挙兵したことを知り、意を強くして上杉方との連携を強化しようとしたのである。直江兼続《なおえかねつぐ》が支城主の岩井信能《いわいのぶよし》に宛てた書状（八月五日付）には注目すべき一節がある（『図説 直江兼続』一九四号）。

次に佐竹より使者昨日罷《まか》り越し候、義宣よりお断りの如《ごと》きは、今度上方の儀に付きて、内府より証人これ《(之)》れ候えども、不通に申しきり候条、定めて手切れこれあるべく候、左《さ》様《よう》に候わば、ご加勢申し請《う》けたしとの事に候条、ふか〳〵《(深々)》請け申して、使者かえ《(返)》し申し候、

家康からの人質要求を拒絶したというのは「慶長記」の記事と符合するだけでなく、これが佐竹氏と家康との「手切れ」（外交断絶）を意味してもいた。そして兼続は義宣から加勢の要請を受諾したことを明らかにしている。これは事実上、上杉・佐竹同盟の成立を意味していた。

このような佐竹氏の不審な動向も、家康が小山に留まった一因であろう。笠谷和比古氏に

家康の手紙作戦（7月26日〜9月1日）

個別大名宛ての頻度（■：1通）

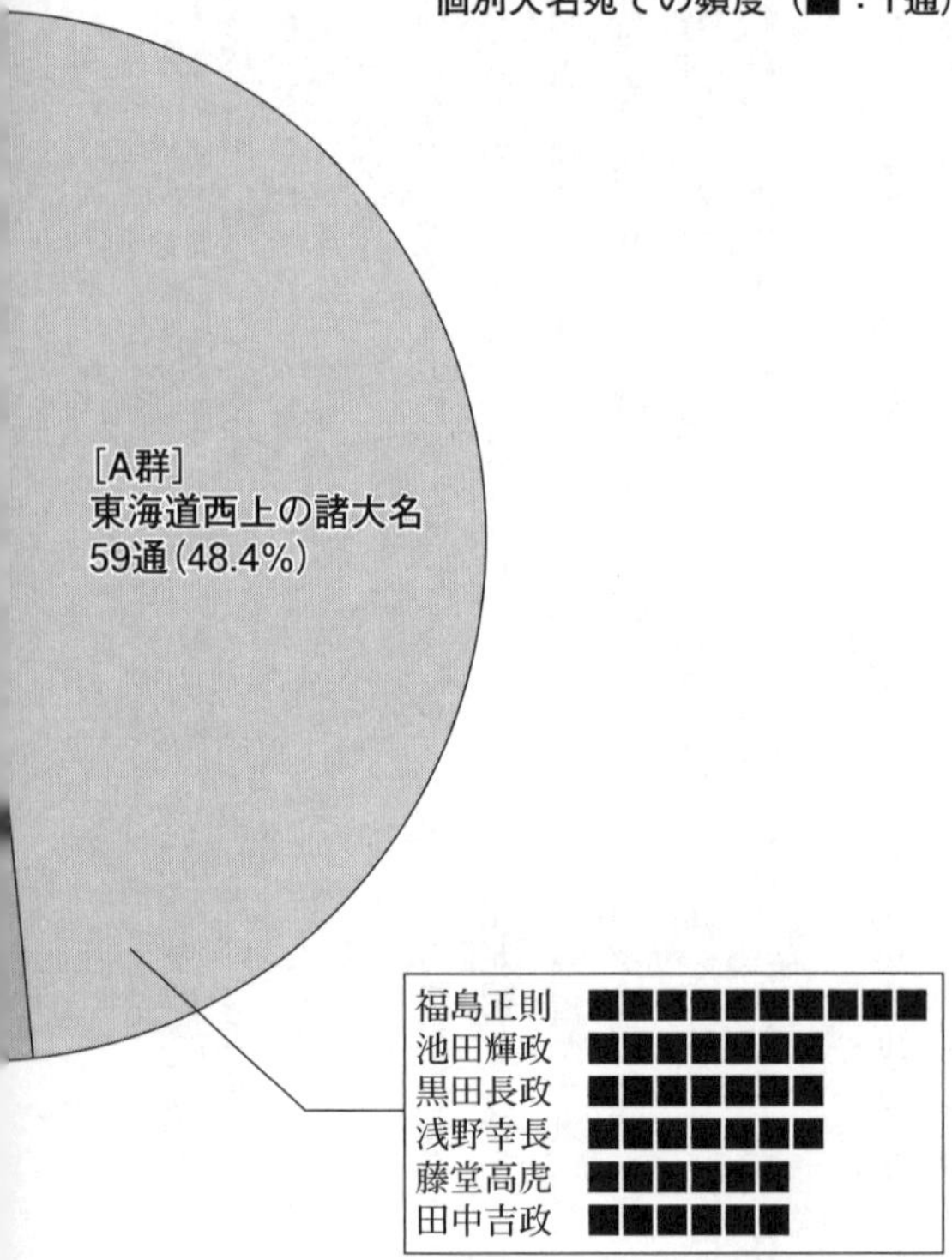

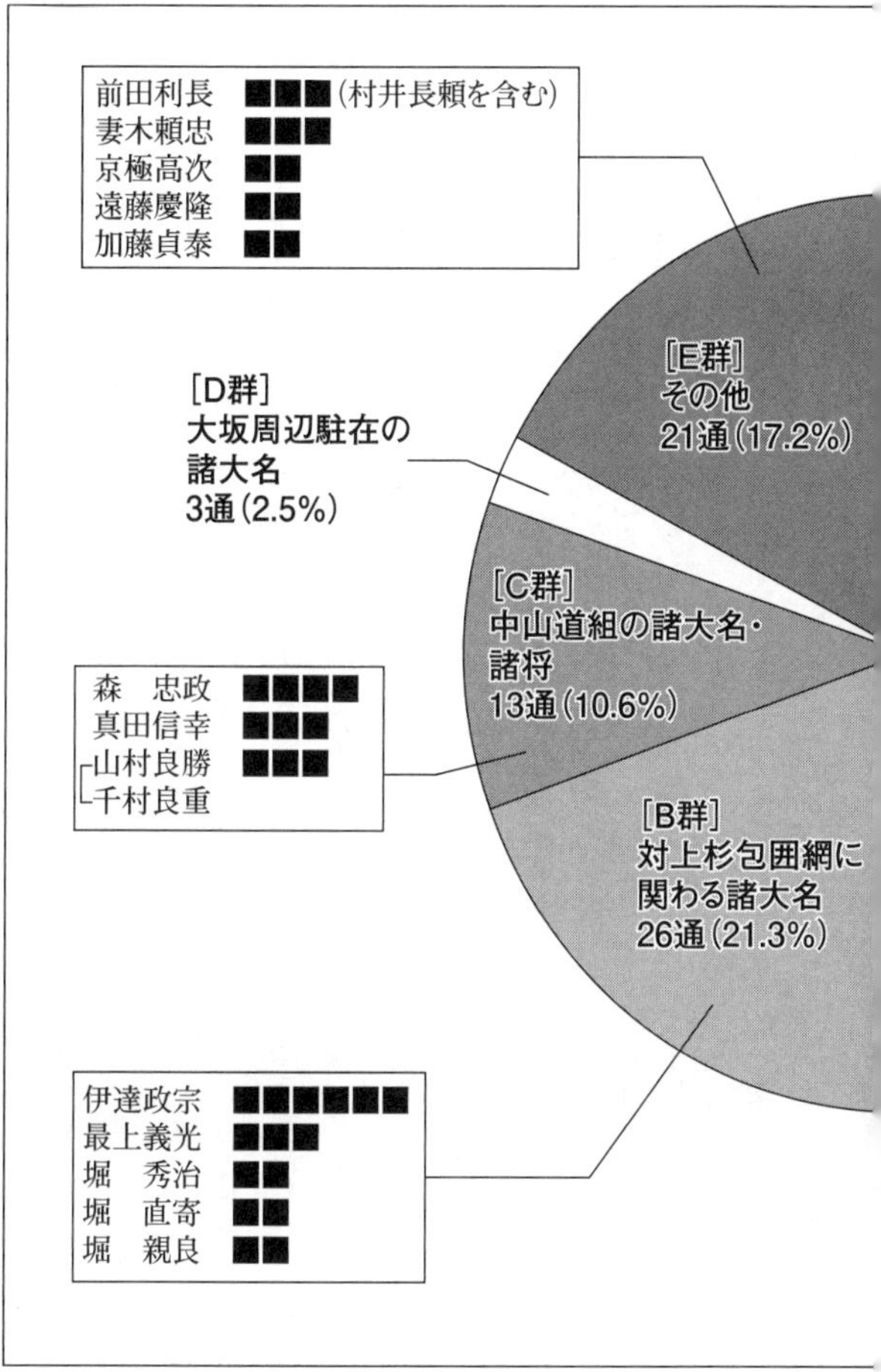
前田利長 (村井長頼を含む)
妻木頼忠
京極高次
遠藤慶隆
加藤貞泰
[E群]
その他
21通(17.2%)
[D群]
大坂周辺駐在の
諸大名
3通(2.5%)
[C群]
中山道組の諸大名・
諸将
13通(10.6%)
森　忠政
真田信幸
山村良勝
千村良重
[B群]
対上杉包囲網に
関わる諸大名
26通(21.3%)
伊達政宗
最上義光
堀　秀治
堀　直寄
堀　親良

よれば、家康が定めた関東方面における諸大名配置は、対上杉だけでなく、対佐竹も視野に入れた布陣になっており、結城晴朝《ゆうきはるとも》・松平信一《まつだいらのぶかず》・松平忠利《ただとし》・保科正光《ほしなまさみつ》・由良国繁《ゆらくにしげ》ら主に下総《しもうさ》や常陸南半の大小名がこれを受け持っていた（笠谷・一九九四）。

小山評定（七月二十五日）から江戸進発（九月一日）まで、家康の脳裏《のうり》にあった戦略や関心・懸念《けねん》がどのようなものであったかを知る手がかりとして、この期間に大量に発給された書状・文書を少し分析してみた（前頁の図参照）。

この三六日間に、家康名義で発給された書状・文書は現存しているだけでじつに一二二通にのぼる（『新訂 徳川家康文書の研究』中巻）。一日平均三通強送った計算になる。これを宛所別に次の五種類に分類してみた。これらの書状・文書の多くは大名家に残るもので、幕末まで続いた家と中途で断絶した家とでは保存条件が異なるかもしれないが、ある程度の目安にはなると思う。

〔A群〕　東海道西上の諸大名　五九通（四八・四パーセント）
〔B群〕　対上杉包囲網に関《かか》わる諸大名　二六通（二一・三パーセント）
〔C群〕　中山道《なかせんどう》組の諸大名・諸将　一三通（一〇・六パーセント）
〔D群〕　大坂周辺駐在の諸大名　三通（二・五パーセント）

〔E群〕　右記以外の者　　　二一通（一七・二パーセント）

約半数が東海道西上の諸大名に宛てたものであり、二割強が対上杉包囲網に関わる諸大名に宛てたものである。このあたりに、当時の家康が抱いていた関心や懸念の度合いが反映しているように思われる。

個別にみていくと、〔A群〕のうち、両先手の一人とされた福島正則が一〇通と多く、次いで、もう一人の先手である池田輝政、家康の信任厚い黒田長政らがつづいている。とくに福島正則に対する家康の気の遣《つか》いようはかなりのもので、一日に二通も送ったこともある。また六通が単独の宛所と多く、連名の場合も正則を筆頭に挙げている。

〔B群〕では、やはり伊達政宗宛てが頭抜《ずぬ》けて多い。これも政宗が対上杉包囲網の中心的な位置にあるからであろう。また堀秀治・同直寄《なおより》・同親良《ちかよし》の一族三人合わせると六通で、政宗宛てと並ぶのも、上杉方の動向との関連で越後《えちご》の帰趨《きすう》がやはり重要だったことを示している。

このうち、政宗宛ての書状を少し詳しくみてみよう。八月十二日付書状では「上方を打ち捨てて会津表を優先する覚悟だったが、福島・池田・細川らが上方の仕置を命じてくれないと困ると再三申し入れてきたので、ひとまず江戸に帰陣した」と、政宗らが望まなかったであろう江戸帰還を釈明している。

同月二十二日には、有名な「百万石のお墨付き」といわれる所領《しょりょう》宛行状《あてがいじょう》を発給している。この所領（七カ所、五〇万石弱）はいずれも秀吉の奥州《おうしゅう》仕置以前には政宗の旧領だった。政宗はすでに七月二十五日、上杉方の白石城を攻略しており、「お墨付き」にはその恩賞という意味はむろん、政宗を信夫口や仙道筋《せんどうすじ》の攻略のために拘束《こうそく》する好餌《こうじ》という狙いもあった。政宗の本格的関与を引き出せれば、家康が江戸に帰還したことで生じた対上杉包囲網の弱体化を補強でき、上杉勢の関東侵攻を抑止できる効果も期待できた。

「百万石のお墨付き」だけでは安心できなかったのか、翌二十三日付の書状で家康は「尾張《おわり》表のほうは福島正則がいるのでご安心いただきたい。彼らがひと働きするというので、江戸進発は延引した」と政宗に伝えている。会津方面を決しておろそかにしないという家康一流のポーズであろう。

家康は会津表と東海道筋という両方面からの相反する要求に苦慮して身動きできずにいた。上杉景勝に備える諸大名は後詰《ごづめ》・後ろ盾《だて》として家康の江戸滞陣を望み、清洲に入城した先手衆は矢のように家康の出馬を催促してきていたからである。

清洲に入った先手の諸大名の焦《あせ》りと苛立《いらだ》ちは大きく、主戦派の正則は「ご出馬なきは劫《こう》のたてかへ《（立て替え）》に遊ばされ候」と言い放ったほどである（「慶長記」上）。「劫の立て替え」とは、囲《い》碁《ご》の戦術のひとつで、大局のために自分の石をわざと捨てて敵に取らせることである。正則は家康が自分たちを見殺しにするつもりなのかと立腹していた。

とくに八月十日には、伏見落城（八月一日）の知らせが家康に届いていた。意気あがる西軍が美濃《みの》から尾張表に殺到してくるのは時間の問題になったわけで、家康は否応《いやおう》なく上方への対処を迫られたわけだが、それは自身の西上ではなく、家来の村越直吉《むらこしなおよし》を清洲に急派することだった。家康の命令を忠実に復誦《ふくしょう》した直吉の逸話はよく知られている。正則が「劫の立て替え」かと叫んだ二日後の十九日、村越が清洲に到着して家康の言葉を伝えた。

「おのおの方が手出しをされないゆえ、ご出馬されないのであり、手出しさえあれば、急ぎご出馬されるであろう」（「慶長記」上）。

細川家の記録によれば、もっと語調が強い。「敵味方の証拠を見せ候へ。初度の合戦利あらずとも、跡は心安かるべく候」と直吉が申し渡したという（『綿考輯録』二巻十四）。福島はじめ先手衆は家康に去就を疑われているのかと驚いて、さっそく岐阜《ぎふ》城攻めに決したことはよく知られている。この逸話は家康の悠揚《ゆうよう》迫らざる風格を示したものだとされるが、これまでみてきたように、それほどの余裕があったとはとても思えない。

家康がようやく愁眉《しゅうび》を開いたのは八月二十七日、岐阜城攻略の急報を聞いてからである。家康が出陣したのはその三日後の九月一日だった。西の突破口が切り開かれたことが出陣のきっかけになったのは明らかである。

【謎9】徳川秀忠の中山道進軍の目的は何か

白河口の総大将だった秀忠

中山道を進んだ徳川秀忠は真田昌幸《さなだまさゆき》がこもる信州上田《うえだ》城の攻略に手こずった挙句《あげく》、関ヶ原の本戦に遅参《ちさん》してしまったので、家康の叱責《しっせき》を買ったというのが通り相場になっている。そうした評価を反映してか、TVドラマなどでも、父に似合わぬ不肖《ふしょう》の武将として描かれることが多い。

結論からいって、このようなマイナス評価は秀忠にとって酷というものである。秀忠勢は上田城の攻略いかんにかかわらず、関ヶ原合戦には時間的に間に合わないような運命にあったのである。これは秀忠の責任ではない。

七月十九日、会津表出陣のため、秀忠は家康に先立ち江戸を発ち、二十二日に宇都宮に到着し、氏家原《うじいえはら》に陣を構えた。二十五日の小山評定で豊家譜代の諸大名が上方へ反転することに決したが、秀忠はそのまま宇都宮に滞陣した。

小山評定から二日後の二十七日、秀忠の差し添えである榊原康政が出羽秋田の秋田実季に宛てた書状には「この表《（宇都宮）》の仕置は、武蔵守《（秀忠）》に申し渡され候」とあり、家康の命で秀忠がこの方面の総大将に任命されていることがわかる（『新訂 徳川家康文書の研究』中巻）。

家康が江戸に帰ったのちも、秀忠はなおその任にあった。家康が江戸に帰還した二日後の八月七日、伊達政宗に宛てた書状には「当表の儀、中納言《（秀忠）》宇都宮差し置き、佐竹談合せしめ、白川表へ相働くべき由申し付け候」とある（右同書）。

従来、小山評定後の宇都宮方面の守備は結城秀康《ひでやす》に任せられたと思われがちであるが、決してそうではない。秀康がその任にあたったのは小山評定から約一カ月後、秀忠勢が宇都宮を進発した八月二十四日からである。この点について、藤井譲治氏は次のように指摘している（藤井・二〇〇〇）。従うべきであろう。

「こうした政宗らへの家康の通達が相手を欺《あざむ》く戦略でない限り、秀忠の任務は宇都宮仕置であり、従来小山の評定で秀忠が大将として一軍を率い中山道を西上することが決定されたとされる点については極めて疑わしい」。

信州平定から西上への任務変更

では、秀忠勢が宇都宮を離れて中山道を進むことになったきっかけと、その目的・任務は何だったのだろうか。

秀忠が上洛をはじめて口にしたのは、藤井譲治氏も指摘するように、八月十三日付の浅野《あさの》幸長《よしなが》宛て書状のなかで「爰許隙明《ここもとひま》き次第早々上洛せしむべく候」が初見である（『新訂 徳川家康文書の研究』中巻）。ただ、この時点では秀忠の漠然《ばくぜん》たる願望の表明にすぎないし、上洛ルートが中山道に限定されてもいない。宇都宮進発は秀忠の独断ではなしえず、あくまで家康の軍令次第だったというべきだろう。

秀忠勢の進発時期はやはり濃尾表《のうびおもて》の情勢と連動していた。すでに豊家譜代の先手衆は八月十四日には清洲城に集結していた。また家康の使者村越直吉が清洲城に到《いた》って東軍諸将を督《とく》戦《せん》したのが十九日で、直吉が江戸に戻って復命したのが伊達政宗宛て家康書状（二十三日付）によれば、二十二日である。

秀忠が宇都宮を発したのが二十四日だから、東軍先手衆の動向を伝えてきた直吉の帰還を直接のきっかけとするのは時間的にギリギリながら成立すると思われる。「大三川志」八月二十三日条によれば、この日、家康が大久保助左衛門忠益《おおくぼすけざえもんただます》を宇都宮に遣《つか》わし、秀忠に「万事を捨て上洛し給《たま》ふべし」と命令したとある（「東照宮御事蹟」）。家康は清洲城中の東軍諸将の士気と結束を確認し、岐阜城攻めが近々決行される形勢を見極《みきわ》めたうえで、秀忠に進発を命じて、中山道筋でも攻勢に出ようとしたものと思われる。

ただその際、そのまま中山道を西上して美濃表に進出せよという軍令ではなかった。この点はこれまで見過ごされてきたきらいがある。笠谷和比古氏や藤井譲治氏の先行研究も指摘するように、それは信州平定が目的であり、具体的には信州上田城にこもる真田昌幸を攻めるのが当初の任務だったというべきである（笠谷・一九九四、藤井右同論文）。

秀忠が上州《じょうしゅう》沼田《ぬまた》城主の真田信幸《のぶゆき》に宛てた書状（八月二十三日付）には「仍《よっ》て廿四日にこの地を罷り立ち、ちいさ形（小県）へ相働き候条、その分お心得候て、彼《か》の表へご出張あるべく候」とあり、秀忠は信幸に父昌幸の所領小県への出陣を命じている（『真田家文書』上巻 五八号）。

同様に、秀忠が岡田善同《おかだよしあつ》（織田信雄《おだのぶかつ》の元家老《かろう》）に宛てた書状（八月二十三日付）にも「当《とう》面《おもて》（宇都宮）隙明き候間、信州真田表仕置のため、明廿四日出馬せしめ候」とあり、真田昌幸を攻めると明言している（『新訂 徳川家康文書の研究』中巻）。

これが秀忠だけの独断ではないことは、家康が浅野長政《ながまさ》に秀忠の指南役《しなんやく》を依頼した書状（八月二十四日付）に「中納言（秀忠）、信州口へ相働かせ候」云々とあることからも明らかで、家康は秀忠に信州平定、とくに上田城攻略を命じたのである（右同書）。

では、家康が秀忠勢の任務を信州平定から中山道西上に変更したのはいつなのか。やはり、

秀忠が攻めあぐねた上田城（長野県上田市）

岐阜城攻略の急報が届いた八月二十七日が契機だったと思われる。家康が浅野長政に宛てた八月二十八日付の書状には「中納言は中山道を相働き申し候間、ご同道なされ、ご異見《いけん》共頼み入り候」とあることが、上田城攻めから中山道西上への任務変更を示唆している（右同書、藤井右同論文）。

二十九日、家康の命をうけて使番《つかいばん》の大久保助左衛門忠益が信州に向かった。忠益は去る二十三日、秀忠に宇都宮進発を命じたときも使者に立っている。この派遣について「これは明日のご出馬を秀忠公へ仰せ進ぜらる」とある。これだけなら、家康の九月一日出陣を伝達に行ったという意味だが、東海道と中山道の同時西上を命じたとして大過ないであろう（「東照宮御事蹟」同年八月二十九日条）。

しかし、ここで大きな誤算が生じていたことに家康は気づかなかった。江戸を発した家康が九月六日、遠州《えんしゅう》島田《しまだ》宿に達したとき、美濃赤坂《あかさか》に陣している福島正則に宛てて「秀忠はおそらく十日時分にはその地まで参るであろう」と書状を送った。だが、その時点でなお、家康の使者は秀忠のもとに到着していなかった。

忠益がようやく信州小諸《こもろ》の秀忠陣に着いたのは、じつに九日のことだった。出発してから一〇日も経過していた。これだけ遅延したのは、折からの大雨で利根《とね》川が大増水して川止めになっていたからである。

家康にとっては痛い計算違いだったし、秀忠も暗澹《あんたん》たる気分になったに違いない。秀忠は上田城に対する備えに信州の諸大名を充《あ》てたうえで、十日、小諸を発した。しかし、中山道は名にし負う険路で、折からの大雨で街道は泥濘《でいねい》と化して秀忠勢の進軍を妨《さまた》げた。「台徳院《だいとくいん》殿御実紀《でんごじつき》」巻一には「この程秋霖《しゅうりん》（秋の長雨）日を重ね、諸方の渓水みなぎり、従駕《じゅうが》の諸軍木曽《きそ》川をわたりかね、留滞する事三日なり」とあるほどである。

秀忠が九月十四日付で藤堂高虎《とうどうたかとら》に宛てた書状には「我等事、随分《ずいぶん》いそぎ候へ共、路次《ろじ》中節《せつ》所《しょ》ゆえ、遅々として由《（油）》断するに相似《あいに》、迷惑せしめ候」とか「去りながら夜中を限らず罷り上り候」とあって、悪戦苦闘の進軍ぶりが察せられる（『高山公実録《こうざんこうじつろく》』上巻十）。

必死の努力にもかかわらず、結局、秀忠は関ヶ原合戦に遅参するという失態を犯した。そのうえ、激怒した家康から一時は面会さえ拒絶されて、大いに面目を失った。秀忠のために弁護すれば、使者の予想外の遅着こそが遅参の決定的要因であるといえよう。結果論になるが、その不運はすでに時間的な挽回《ばんかい》を不可能にしていた。秀忠がいくら奮闘しても関ヶ原合戦にはとても間に合わなかったのである。その意味で、秀忠の失態として過度に評価するのは酷である。

冷却期間を置いてみると、家康も内心、秀忠の立場を十分理解したものと思われる。秀忠の家督《かとく》継承者としての地位に変動がなかったことにもそれはよく表れている。ただ、何らかのけじめは必要だった。秀忠を傷つけないとすれば、それは補佐役の老臣が対象となるのは当然である。

戦後の論功行賞《ろんこうこうしょう》では、譜代老臣の榊原康政・本多正信《まさのぶ》・大久保忠隣《ただちか》をはじめ万石以上の大名のほとんどが禄高《ろくだか》を据え置かれた。この事実に、中山道組に対する家康の冷めた評価がほのみえる（次頁表参照）。

中山道組のなかでは例外的に真田信幸が格段の厚遇をうけている。これは遅参問題とは無関係に、西軍に加担した父昌幸、弟信繁《のぶしげ》（幸村《ゆきむら》）とは異なる進退を示したことが、家康に忠節として評価されたためであろう。

付言すれば、遅延した使者の大久保忠益も処罰された形跡はない。自然現象には抗しえないと判断されたのであろうか（『新訂　寛政重修諸家譜《かんせいちょうしゅうしょかふ》』第十一巻 大久保忠益譜）。

秀忠軍参陣大名の論功行賞

【譜代大名】

榊原康政	上野館林100,000石	→	据置
大久保忠隣	相模小田原45,000石	→	据置
本多正信	上野八幡10,000石	→	据置
高力忠房	武蔵岩槻20,000石	→	据置
諏訪頼水	上野総社12,000石	↗	信濃高島27,000石
小笠原信之	武蔵本庄10,000石	→	据置
(本多忠政)	忠勝嫡男	—	(弟忠朝に上総大多喜50,000石加増)
酒井家次	上野臼井30,000石	→	据置
牧野康成	上野大胡20,000石	→	据置
本多康重	上野白井20,000石	↗	三河岡崎50,000石

【准譜代・外様大名】

石川康長	信濃松本80,000石	→	据置
真田信幸	上野沼田27,000石	↗	信濃上田115,000石
森　忠政	信濃松代127,000石	→	据置
仙石秀久	信濃小諸57,000石	→	据置
日根野吉明	信濃高島15,000石	→	据置(下野壬生15,000石) (一説には減封ともいう)

【謎10】徳川軍の主力は家康勢か秀忠勢か

量的には家康軍団が上

九月十一日、家康は尾張清洲に達した頃、中山道の秀忠勢が未着であることを知って愕然《がくぜん》とした。去る六日、駿河《するが》島田まで進出した家康は福島正則に秀忠が十日前後には美濃表に着到するという見通しを告げていたが、それがまったくの誤算となったことに、家康は気づいたのである。

家康は苦悩の末、秀忠勢が未着のまま決戦に臨むことを決断したとされるが、決戦前日の九月十四日まで、家康の決断はまだ流動的だったのではないかと思っている（この問題については後述）。

さて、東海道と中山道を分進した徳川軍のうち、家康勢よりも秀忠勢が主力だったという解釈が近年盛んになってきた。その主唱者は笠谷和比古氏である（笠谷・一九九四）。

「徳川直属軍のうち秀忠隊と家康隊の兵数自体はともに三万人台で大きな差は見られないものの、その質的な差、軍団の構造的な差においては歴然たるものがある。秀忠勢が直属の旗《はた》本備《もとぞなえ》の他に、十人余を数える万石以上の部将たちをひきいて、独立の備を多数構成しうる本格的な軍団であるのに対して、家康隊というのは大身《たいしん》武将を欠如した『旗本の侍《さむらい》共《ども》ばかり』からなる寄せ集め的で、防御的な部隊であったと解されるのである」。

しかしながら、家康・秀忠の両勢はもともと、会津討伐という目的のために前軍・後軍と分けて編成されたものであるから、その任務や役割がそれぞれ異なっていると同時に、陣立《じんだて》構成としては一体かつ不可分の関係にあった。だから、両勢の量的・質的な優劣を論じることはさほど意味をなさない。そして、この両勢がその後の情勢の変化により分割され別の任務に従事することになった。となれば、その目的に従って、別個に陣立が再編成されるのもまた当然である。

まず、本戦に先立つ会津出陣での徳川軍の軍団編成について、笠谷氏は「関ヶ原合戦の軍陣構成は、この会津討伐軍の軍隊編成のあり方に基本的に由来しているのである」とする(笠谷右同書)。

このとき、前軍となった秀忠勢は徳川譜代の諸大名を中核に、信濃《しなの》と下野《しもつけ》・上野《こうずけ》の大小名が付属するという軍団構成であった。これに対して、後軍の家康勢は譜代旗本衆に豊臣系諸大名が付属するという軍団構成になっていた（「東照宮御事蹟」同年七月十九日条）。
　このうち、前軍の主要部分が中山道に向かい、後軍のほとんどが東海道を西上したことは大まかそのとおりだが、仔細《しさい》にみると、必ずしも笠谷氏の所説を裏づけているとはいえない。小山評定ののち、前軍の先手を構成した諸大名は以下のように再編成された（右同書同日条）。

①宇都宮残留組
結城秀康・蒲生《がもう》秀行《ひでゆき》・皆川《みながわ》信政《のぶまさ》・成田《なりた》氏憲《うじのり》・佐野《さの》信吉《のぶよし》・水谷《みずのや》勝俊《かつとし》

②西軍呼応組
真田昌幸・同信繁（幸村）・山川《やまかわ》朝信《とものぶ》

③家康勢編入組
松平《まつだいら》忠吉《ただよし》・井伊《いい》直政《なおまさ》・本多忠勝《ただかつ》・松平忠政《ただまさ》（奥平信昌《のぶまさ》三男）・松平清匡《きよただ》（のち忠明《ただあき》、奥平信昌四男）

④秀忠勢残留組
榊原康政・真田信幸・石川《いしかわ》康政《やすまさ》・仙石《せんごく》忠俊《ただとし》・森《もり》忠政《ただまさ》・日根野《ひねの》吉明《よしあき》・酒井《さかい》家次《いえつぐ》など。

前軍のうち、②西軍呼応組を除外しても、かなりの大名が他方面に抽出《ちゅうしゅつ》されたことがわかる。その結果、前軍から後軍の家康本隊に少なくない大名が編成替えとなり、家康本隊は江戸帰還後の再編成によって、必ずしも「旗本の侍共ばかり」だったのではなく、相応の質的・量的な増強を遂げたともいえよう。逆にいえば、秀忠勢は会津出陣時よりも質量ともに相対的に弱体化していることになる。

この編成替えの結果、中山道の秀忠勢は信濃の外様《とざま》大名を先手もしくは嚮導《きょうどう》とし、譜代大名と旗本衆とで本隊を構成する混成軍団となった。また東海道の家康勢も同様で、豊家譜代衆を先手軍団（井伊直政・本多忠勝が軍監《ぐんかん》として統制）としながら、一門・譜代の大名と旗本で固めた家康本隊が後続となっており、同じく混成軍団であることは共通している。

笠谷氏の所説との関係上、あえて両勢の量的・質的な比較を試みてみよう。

まず量的な面からみてみる。九月一日、江戸を進発した家康本隊の兵数は一説によれば、「都合《つごう》御勢三万弐《に》千七百三十騎」という（「東照宮御事蹟」九月一日条）。同書には『関原集』から家康本隊を「一万五千」という説も挙げているが、とりあえず通説に従っておく。なお厳密に考えれば、この三万二七三〇人のなかには、先手衆と同道した井伊直政と本多忠勝の軍勢は含まれていない。井伊直政一二万石（約三六〇〇人）と本多忠勝（約四〇〇〇人）を加算すれば、都合三万六七〇〇余人となる。ちなみに、軍役《ぐんやく》は便宜上、笠谷氏の依拠する三人役（一〇〇石に三人ずつ）に統一した。

一方、秀忠勢は「その勢都合三万八千七十余騎」という（「東照宮御事蹟」八月二十四日条）。ただ、このなかには徳川譜代・旗本衆だけでなく、信州の外様大名の兵数も含まれているから信州進出後の総勢としたほうがよい。家康勢と比較するには、これを差し引かないとならない。信州や上野の外様大名は以下の面々である（石高は『新訂 徳川家康文書の研究』中巻による）。

石川康長《やすなが》（信濃松本《まつもと》八万石）
真田信幸（上野沼田二万七〇〇〇石）
森 忠政（信濃松代《まつしろ》一二万七〇〇〇石）
仙石秀久《ひでひさ》（信濃小諸五万七〇〇〇石）
日根野吉明（信濃高島《たかしま》一万五〇〇〇石）

これら五人の大名の総禄高は三〇万六〇〇〇石になる。この軍役数を三人役で換算すると、九一八〇人となる。これを秀忠勢の総数から引くと、秀忠本隊の譜代・旗本衆は三万人弱ということになる。なお、「台徳院殿御実紀」巻一には宇都宮を進発したときの秀忠勢を「惣《そう》軍《ぐん》三万八百余人」としている。これには信州の外様大名が含まれておらず、しかも右の数字とほぼ一致することから、三万人前後を秀忠本隊の兵数として大過ないであろう。

以上から、量的にいえば、徳川家の譜代旗本衆だけで比較すると、家康本隊が秀忠本隊より六〇〇〇人以上多いことになる。この数字は決して小さくない。

質的構成でも拮抗

次に質的な面を検討する。笠谷氏は両勢の質的相違を強調する（笠谷右同書一二〇頁）。

「各軍団の戦力はたんに兵数で決まるものではなく、その質的構成が問題となるのであり、先手備を中心とする攻撃型の備がどれだけ厚く、充実しているかにもっぱら関係するのである。軍団の編成において万石以上の武将の数に注目するのは、彼らこそ独立の備を構成できる能力をもつからであり、その多さ、厚さこそが、当該軍団の戦力を判断できる基準となるのである」。

先手備の戦い方いかんが合戦の帰趨を決するのが、この時代における戦争形態としては普遍的である。笠谷氏の所論は一般論とすれば妥当ではあるが、家康・秀忠の両勢に適用してみて、果たしてどうであろうか。

同氏によれば、秀忠勢は一〇人余の万石以上の武将が「独立の備」を構成していたとする。たしかに秀忠勢には万石以上の譜代大名が一二人いた（右同書一一八頁）。これに対して、関ヶ原合戦に参加した家康勢には万石以上の譜代大名は七人しかいない。

しかし、この合戦を美濃の一地域に限定することはできず、濃尾一帯が広義の戦域だったと想定すべきであろう。その視点に立てば、大垣《おおがき》城に備えた松平康長《やすなが》（武蔵東方《ひがしがた》一万石）、清洲城の城番《じょうばん》となった石川康通《やすみち》（上総鳴戸《かずさなると》二万石）、松平家清《いえきよ》（武蔵八幡山《はちまんやま》一万石）、犬山《いぬやま》城

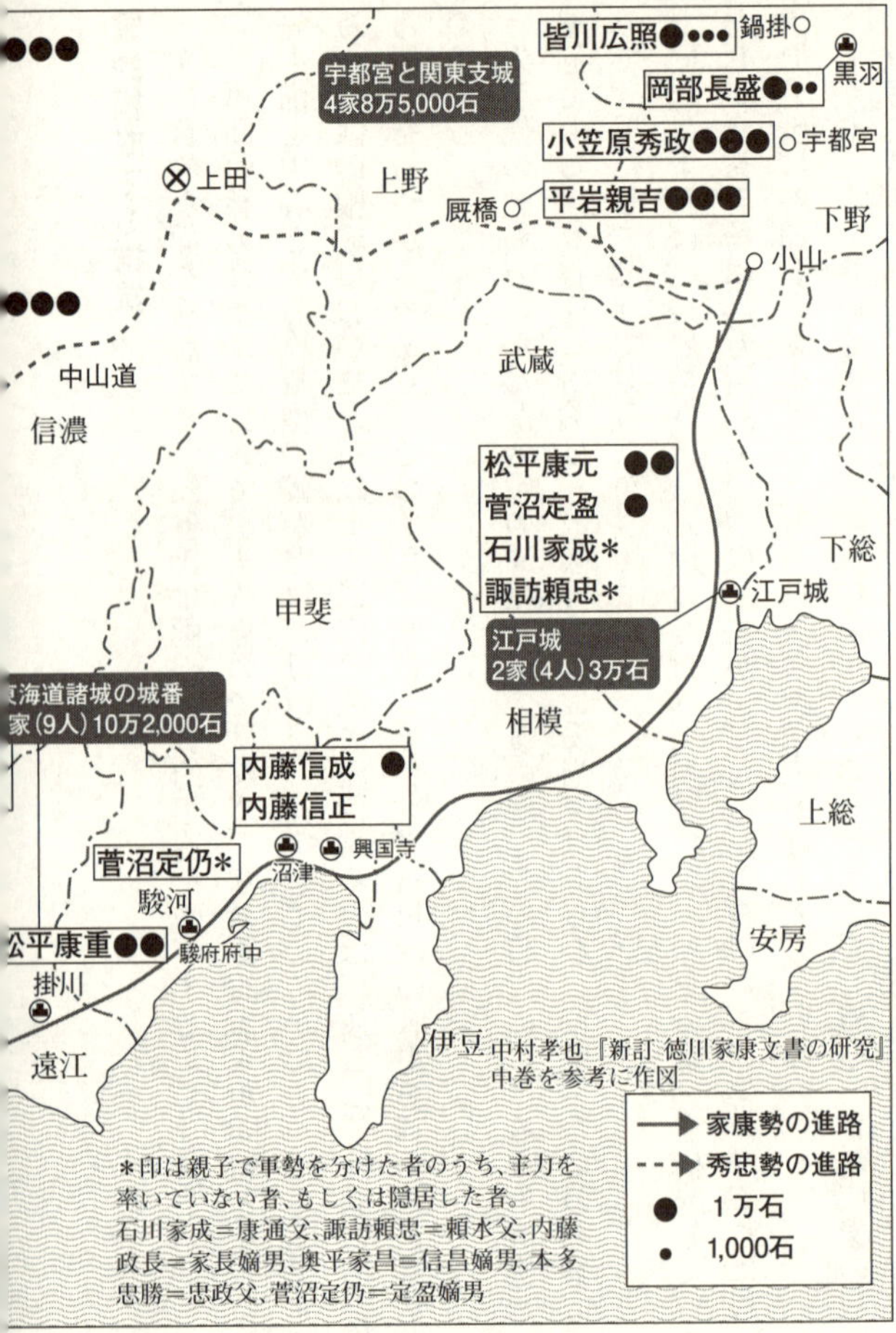

皆川広照●•••
鍋掛
宇都宮と関東支城
4家8万5,000石
黒羽
岡部長盛●••
小笠原秀政●●●
宇都宮
上田
上野
厩橋
平岩親吉●●●
下野
小山
武蔵
中山道
信濃
松平康元 ●●
菅沼定盈 ●
石川家成*
諏訪頼忠*
下総
江戸城
甲斐
江戸城
2家(4人)3万石
東海道諸城の城番
家(9人)10万2,000石
相模
内藤信成 ●
内藤信正
上総
沼津
興国寺
菅沼定仍*
駿河
松平康重●●
駿府府中
安房
掛川
遠江
伊豆
中村孝也『新訂 徳川家康文書の研究』
中巻を参考に作図
家康勢の進路
秀忠勢の進路
1万石
1,000石
*印は親子で軍勢を分けた者のうち、主力を
率いていない者、もしくは隠居した者。
石川家成=康通父、諏訪頼忠=頼水父、内藤
政長=家長嫡男、奥平家昌=信昌嫡男、本多
忠勝=忠政父、菅沼定仍=定盈嫡男

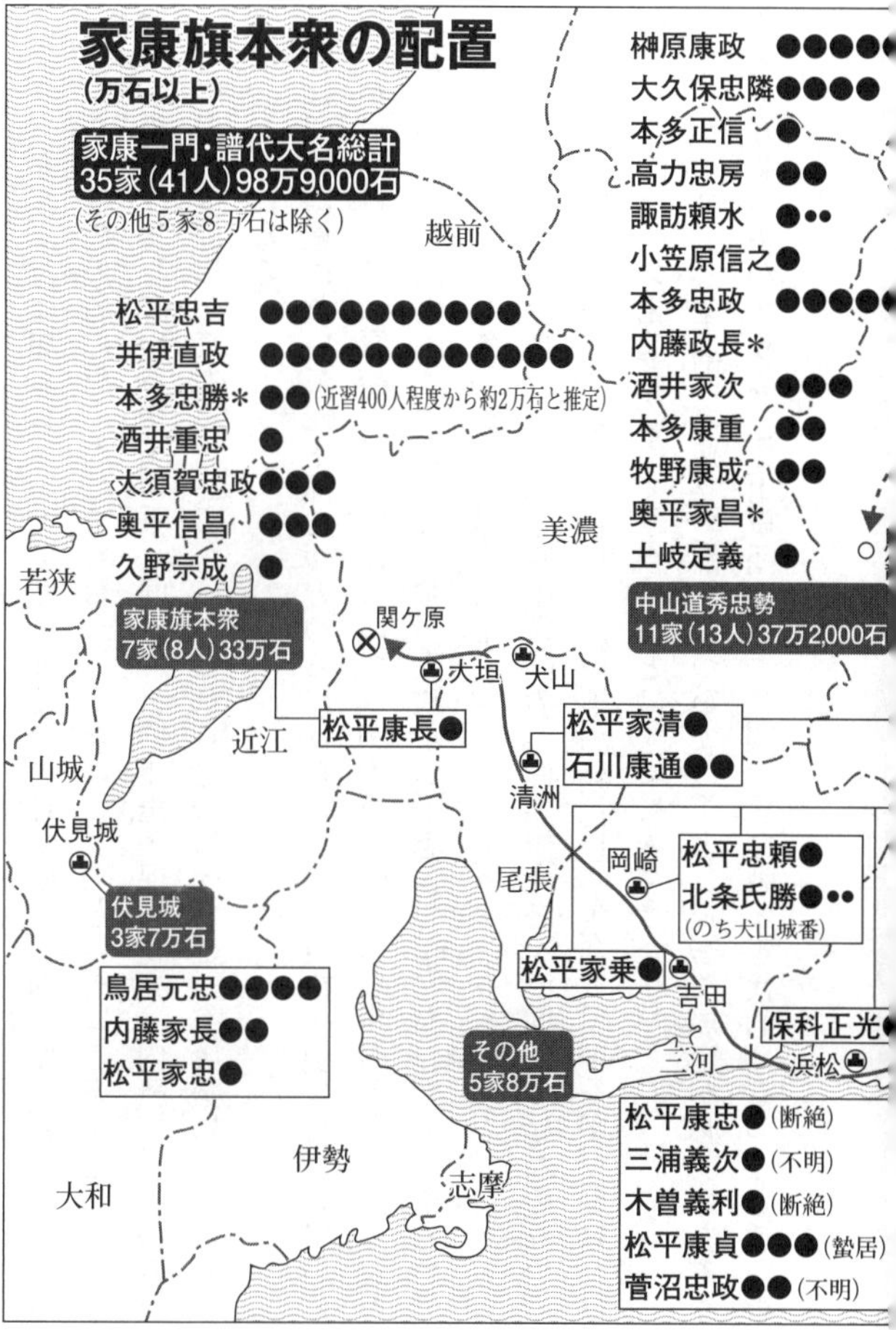
家康旗本衆の配置
(万石以上)
家康一門・譜代大名総計
35家(41人)98万9,000石
(その他5家8万石は除く)
越前
松平忠吉 ●●●●●●●●●●●
井伊直政 ●●●●●●●●●●●●●●
本多忠勝* ●●(近習400人程度から約2万石と推定)
酒井重忠 ●
大須賀忠政●●●
奥平信昌 ●●●
久野宗成 ●
若狭
家康旗本衆
7家(8人)33万石
関ケ原
大垣
犬山
美濃
近江
山城
松平康長●
松平家清●
石川康通●●
清洲
伏見城
尾張
岡崎
松平忠頼●
北条氏勝●••
(のち犬山城番)
伏見城
3家7万石
松平家乗●
吉田
鳥居元忠●●●●
内藤家長●●
松平家忠●
保科正光
その他
5家8万石
三河
浜松
伊勢
大和
志摩
榊原康政 ●●●●
大久保忠隣●●●●
本多正信 ●
高力忠房 ●●
諏訪頼水 ●••
小笠原信之●
本多忠政 ●●●●
内藤政長*
酒井家次 ●●●
本多康重 ●●
牧野康成 ●●
奥平家昌*
土岐定義 ●
中山道秀忠勢
11家(13人)37万2,000石
松平康忠●(断絶)
三浦義次●(不明)
木曽義利●(断絶)
松平康貞●●●(蟄居)
菅沼忠政●●(不明)

の城番となった北条氏勝《うじかつ》（上総岩富《いわとみ》一万石）も家康勢の後備《うしろぞなえ》に位置づけられるべきである。

これらの諸大名を含めると、家康勢の万石以上の譜代大名は一一人となって、秀忠勢と拮抗《きっ こう》する。さらに付け加えれば、大垣城に備えた水野勝成《みずのかつなり》（三河刈屋《みかわかりや》三万石）も、家康の親戚筋であり、譜代大名に組み入れてもおかしくない。もっといえば、東海道筋にある豊臣譜代衆の城郭に在番している松平家乗《いえのり》・同忠頼《ただより》・同康重《やすしげ》・保科正光・内藤信成《のぶなり》らの万石以上の大名も広義の後備にしてもおかしくない。これらを合わせると、家康勢における万石以上の大名は一七人になる。

では、徳川軍において先手備をつとめるにはどのような資格・要件を備えているべきであろうか。笠谷氏は家康勢の先手備について「関ヶ原合戦での東軍の前線部隊は三万人強と言われたが、うち徳川の主な兵力は、井伊直政と松平忠吉の軍勢あわせて六千人余でしかなかったのである」としている（右同書一三九頁）。

しかし、実際の合戦での陣立と徳川軍団の「備」概念とを混同してはならない。笠谷氏は「先手備」「独立の備」の要件として万石以上の知行高《ちぎょうだか》を充てているが、それだけでは両勢の間に質的構成の相違を検出できないことはすでにみてきた。

したがって、「先手備」「独立の備」については、より厳密な規定が必要であろう。それを考える好個の手がかりは、徳川軍団にとって関ヶ原合戦と年代的にもっとも近い小田原陣における陣立であると思う。一〇年という時間の経過は一部の譜代大名の世代交代を促したものの、その軍団構成の基本的骨格はさほど変化がないからである。

「開国雑記」によれば、小田原陣における徳川軍団の先手備は「一之御先《いちのおさき》」「二之御先《にのおさき》」と呼ばれている。そのうち、「一之御先」は酒井家次・本多忠勝・榊原康政・平岩親吉《ひらいわちかよし》・鳥居元忠・大久保忠世《ただよ》・井伊直政の七人がつとめた（煎本増夫・一九九六、「東照宮御事蹟」天正十八年二月七日条）。この七人が家康の関東入国後、どのような処遇をうけたか、その知行高をみてみよう

小田原陣で攻めた小田原城（神奈川県小田原市）

酒井家次（下総臼井《うすい》三万石）
本多忠勝（上総大多喜《おおたき》一〇万石）
榊原康政（上野館林《こうずけたてばやし》一〇万石）
平岩親吉（上野厩橋《うまやばし》三万石）
鳥居元忠（下総矢作《やはぎ》四万石）
大久保忠世（相模小田原四万石）

井伊直政（上野箕輪《みのわ》一二万石）

最低でも三万石の知行高をもつ大身の譜代大名であることが「一之御先」の条件となっているのがわかる。

この七人のうち、関ヶ原合戦までに大久保忠世が鬼籍《きせき》に入り、嫡男の忠隣に代替わりした以外は特別の変化はない。関ヶ原合戦は戦場が多岐にわたったために、この七人がそろって先手備をつとめたわけではなく、戦場・戦況に応じて分散配置を余儀なくされた。

A・東海道方面　本多忠勝・井伊直政
B・中山道方面　酒井家次・榊原康政・大久保忠隣
C・関東方面　平岩親吉（上州厩橋）
D・上方方面　鳥居元忠（伏見城代）

このうち、A・本多忠勝については、笠谷氏も指摘するように、引率したのは小姓《こしょう》たちばかりで四〇〇に不足する人数しかおらず、「よきもの共」つまり本多家の主力（約二五〇〇人か）は嫡男の美濃守忠政《ただまさ》が率いて秀忠に従っていた（「慶長記」中）。

だからといって、忠勝勢が「備」としての要件を満たしていなかったわけではない。東軍先手衆の軍監役だった忠勝は家康の赤坂着陣によりその任を解かれ、改めて一手の「備」となった。家康の命により忠勝には桑山一直《くわやまかずなお》など外様小身《しょうしん》衆が与力《よりき》として付けられ、左翼先手として、牧田口《まきたぐち》の十九女池《つづがやいけ》あたりに布陣し、松尾《まつお》山の小早川秀秋《こばやかわひであき》に備えた。したがって、忠勝勢を嫡男忠政とは別に「一之御先」に準じる「備」として扱いたい。

ところで、天正《てんしょう》十八年（一五九〇）の関東入国以降、家康の四男、松平忠吉が新たに一門大名に取り立てられて、武蔵忍《おし》一〇万石に封じられた。忠吉に従った麾下《きか》には小笠原和《おがさわらいず》泉《み》・富永丹後《とみながたんご》という付家老《つけがろう》が参陣していることから、舅《しゅうと》の井伊直政に匹敵する約三〇〇〇人の「備」であることは明らかであり、小田原陣後の「一之御先」に準じるものとして扱っても差し支《つか》えないと思う。

忠吉が城主となった忍城（埼玉県行田市）

　ちなみに、関東入国後における三万石以上の譜代大名はほかに、大須賀忠政《おおすがただまさ》（上総久留《くる》里《り》三万石）、奥平信昌（上野小幡《おばた》三万石）、松平康貞《やすさだ》（上野藤岡《ふじおか》三万石）がいる。

　大須賀氏は先代康高《やすたか》が十分「一之御先」をつとめられる資格を有していたが、関東入国前の天正十七年（一五八九）に没している。家督を継いだのは康高の女婿《むすめむこ》、榊原康政の長男忠政《ただまさ》だった。そのため、小田原陣では榊原康政が大須賀勢も麾下に編成した。つまり本来ならば、大須賀勢は「一之御先」に属してもおかしくないのである。

忠政は小山の反転のとき、宇都宮在陣か館林城の留守を命じられたという（『新編 藩翰《はんかん》譜《ふ》』第一巻）。しかし、笠谷氏によれば、上方への従軍を願い出て、家康本隊に付属し、本戦では南宮山《なんぐうさん》の毛利《もうり》勢に備える後備となった（笠谷右同書）。

奥平信昌は小田原陣では「御後《おあと》」＝後備をつとめている。これは家康の女婿という地位ゆえであろう。関ヶ原合戦では、信昌は三男忠政、四男清匡（のち忠明）を率いて出陣し、本戦では大須賀勢とともに南宮山に備える後備となった。

一方、信昌嫡男の家昌は秀忠に従い、その後備となっている。奥平勢としては東海道と中山道にほぼ二分されたわけだが、三男忠政は菅沼定利《すがぬまさだとし》（上野吉井《よしい》二万石）の養子となっており、四男忠明も上野長根《ながね》七〇〇〇石を領していたので、この三者を合わせた兵力は中山道の家昌勢を上回っていると思われる。だから、優に「独立した備」の要件を満たしている。

最後に松平康貞だが、『新訂 徳川家康文書の研究』中巻に「松平新六郎《しんろくろう》康貞」とあることから、旧姓依田《よだ》氏で、家康の信州平定に功労があった武田《たけだ》旧臣の依田信蕃《のぶしげ》の二男康真《やすざね》（通称新六郎）のことと思われる。康真は関ヶ原合戦の直前、腫物《はれもの》を患《わずら》い、かつ刃傷《にんじょう》事件を起こして高野山《こうやさん》に蟄居《ちっきょ》していたから除外してよい（『新訂 寛政重修諸家譜』第六巻 依田康真譜）。

　こうしてみると、「一之御先」以外の三万石以上の大名も、家康に従っている者が多いことが確認できる。

　さて、小田原陣では「一之御先」のほかに、「二之御先」と呼ばれる二の先手の諸将七人がいた（「東照宮御事蹟」天正十八年二月七日条）。この七人は小田原陣だけの一時的な編成ではなかった。それは次の記事でも明らかである。

「はじめ東照宮（家康）三河国におはしませしころ、陣列を定めたまひ、松平清宗《きよむね》、酒井正親《まさちか》、本多重次《しげつぐ》、内藤家長、荻生左官某《おぎゅうさかんなにがし》（大給《おぎゅう》松平氏の左近親乗《さこんちかのり》か）、石川康通、柴田康忠七人を先鋒《せんぽう》第二の隊となされ、常に戦場に供奉《ぐぶ》す」（『新訂 寛政重修諸家譜』第六巻 柴田康忠譜）。

　小田原陣と比較すれば、構成メンバーに代替わりがあるものの、その骨格は保持されている。つまり、「先鋒第二の隊」こそ「二之御先」であり、古くから徳川軍団の陣立において重要な構成要素であった。小田原陣のそれを挙げてみよう。

松平清宗（武蔵八幡山一万石）　＊家清が家督。
酒井重忠《しげただ》（武蔵川越《かわごえ》一万石）　＊正親の子。
本多重次（上総古井戸《こいど》三〇〇〇石）　＊慶長元年（一五九六）死去、成重《なりしげ》が家督。
内藤家長（伊豆下田《いずしもだ》二万石）

柴田康忠（武蔵羽生《はにゅう》五〇〇〇石）　＊文禄《ぶんろく》二年（一五九三）死去、康長が家督。
松平家乗（上野那波《なわ》一万石）　＊親乗《ちかのり》の孫。
石川康通（上総鳴戸二万石）

上は二万石から下は三〇〇〇石までとばらつきがある。ただ、知行高最下位の本多重次には寄騎《よりき》二〇〇騎が付属されたとある。この数は誇大だと思うが、単独での「備」編成が難しいため、寄親《よりおや》として寄騎同心衆《どうしんしゅう》を付属されて独立した「備」となったと思われる。この七人がどのように配置されたかをみてみると、

a・東海道方面　松平家清（清宗嫡子）・松平家乗・石川康通・本多成重
b・中山道方面　酒井重忠・柴田康長（康忠嫡子）
c・関東方面　無し
d・上方方面　内藤家長

このうち、本多成重の所属が『新訂 寛政重修諸家譜』や『譜牒餘録《ふちょうよろく》』などをみても必ずしも明確ではないが、家康旗本の「後隊」に「本多丹下《たんげ》」の名があるので、a・東海道方面に算入した（『関原軍記大成』三 巻之二十四、『新編 藩翰譜』第一巻）。

こうしてみると、「二之御先」では、a・東海道方面が四人と過半数を占め、知行高合計でも四万三〇〇〇石で、b・中山道方面の二人、一万五〇〇〇石を圧倒している。

以上を総括すれば、笠谷氏のいうところの「先手備」や「独立した備」は東海道方面と中山道方面で次のように配置されている。

東海道方面
「一之御先」　井伊直政・本多忠勝・松平忠吉
「二之御先」　松平家清・松平家乗・石川康通・本多成重
二〜三万石　奥平信昌（松平忠政・同清匡）・大須賀忠政・水野勝成

中山道方面
「一之御先」　榊原康政・大久保忠隣・本多忠政・酒井家次
「二之御先」　酒井重忠・柴田康長
二万石　本多康重《やすしげ》・牧野康成《まきのやすなり》・高力忠房《こうりきただふさ》・菅沼忠政《ただまさ》

両軍団の「先手備」や「独立した備」を比較して、果たしてその質的構成の大きな差異を検出できるだろうか。「一之御先」の「備」こそ中山道方面が一人多いものの、「二之御先」では東海道方面が二人も多い。両「御先」以外の二万石以上の大身（多くは後備）を含めても、両方面はほぼ同等の構成としたほうが妥当であろう。

とくに打撃戦力として想定されている「一之御先」に関して、笠谷氏は家康軍団が井伊直政と松平忠吉の六〇〇〇人ほどにすぎないとしているが、厳密にいえば、二人の知行高総計

岡崎公園に立つ本多忠勝像（愛知県岡崎市）

は二二万石であり、三人役なら六六〇〇人になる。またこれに本多忠勝勢（約四〇〇＋外様小身衆）も繰り入れないのは不当だと思う（笠谷右同書一三九頁）。

一方、秀忠軍団の「一之御先」に該当する四人の大名の禄高総計は二九万五〇〇〇石で、三人役で換算すれば、八四五〇人（本多忠政から忠勝勢四〇〇人を差し引く）となる。家康軍団の最低でも七〇〇〇人とそれほど大差はない。

もっとも、家康軍団はそのすべてを関ヶ原に結集できたわけではない。後方の大垣、清洲などの諸城に手当てする必要があったので、分散配備にならざるをえなかったのはたしかである。しかし、これもひとえに秀忠軍団の未着に規定された非常措置だったことを割り引いて考えなければならない。

以上から、家康軍団と秀忠軍団のどちらが主力かといった議論は有効でないことが明らかになったと思う。両軍団は分進することになった時点で、おのずと独自の陣立構成をとったにすぎない。

【謎11】上杉景勝はなぜ南進せず、最上義光を攻めたのか

幻の関東侵攻策

『定本 名将言行録《めいしょうげんこうろく》』上の直江兼続譜に面白い逸話が載っている。徳川家康が小山から退陣したことを知った直江兼続が上杉景勝に追撃の好機であるから、「一時もはやくご出馬然るべし」と進言したが、景勝は次のように答えて首を縦に振らなかった。

「太閤がご他界される前、御前に召し出されて逆心しない旨《むね》の起請文《きしょうもん》を書き、内府及び利家《としいえ》・輝元・秀家も共に血判した。今度のことは堀直政《なおまさ》の讒言《ざんげん》であり、内府から仕掛けてきたので一合戦と支度《したく》した。しかるに、内府がこちらに構わず江戸へ引き取ったのだから、こちらもまた会津に引き揚げるのが理の当然である。もし今奥州を発って内府を追撃すれば、初めからの申し分はみな偽りだったことになり、天下首悪の名を末代に蒙《こうむ》り、信を天下に失うことは上杉家の恥辱である。だから、内府を追ってはならない」。

兼続がなおも食い下がる。

「ごもっともなれど、今度の手始めは上杉であると天下一同に思うのは必定《ひつじょう》。然れば、内府は以前から当家をば根を断ち葉を枯らさんとするのは鏡に照らすように明らかです。万一内府が天運に叶《かな》い勝利すれば、上杉が亡《ほろ》びるのは確実です。これを考えるに、戦うも亡び、戦わざるもまた亡びる。戦わずして亡びるは戦って亡びることに及びません。よって騎虎《きこ》の勢いで関東に打って出る所ではありませんか」。

しかし、景勝は激怒して、「国家の存亡興廃は時節である。我は不信の名を負うことは末代までの恥辱で堪《た》えられない」として追撃を許可しなかったという。

景勝が信義に厚い大名として描かれているが、果たして史実はこのいささかきれい事の逸話のように進行したのであろうか。

七月二十五日、小山評定で白河口に集結した東軍主力軍が反転西上に決したことにより、対上杉包囲網にも転機が生じた。信夫口を受け持った伊達政宗は旧領回復に執念を燃やしており、刈田《かった》郡の白石城を攻略するなど上杉領侵攻に積極的だったが、白河口の主力が反転したことを知ると、八月十四日、「政宗一人にて相働き候儀、如何《いかが》と存じ候」という理由で、白石城に石川昭光《あきみつ》と兵二〇〇〇余人を残して、居城の北目《きため》に帰った（『伊達政宗卿伝記史料』同日条）。

東軍主力の反転は米沢口にも波及した。この方面には最上義光（出羽山形《やまがた》二四万石）を主将に、南部利直《なんぶとしなお》（陸奥盛岡《むつもりおか》一〇万石）、秋田実季（出羽湊《みなと》一九万石）、戸沢政盛《とざわまさもり》（出羽角館《かくのだて》四万石）、小野寺義道《おのでらよしみち》（出羽横手《よこて》三万石）、六郷政乗《ろくごうまさのり》（出羽六郷《ろくごう》五〇〇〇石）、由利衆《ゆり》の赤尾津孫次郎《あこうづまごじろう》、仁賀保挙誠《にかほたかのぶ》など約一万七〇〇〇人の軍勢が結集していたが、地元の最上義光を除く大名たちが米沢口から退去して国許《くにもと》に引き揚げた（『山形県史』第二巻、「最上義光物語」下）。

津川口の堀秀治が上杉方が背後で糸を引く一揆《いっき》の鎮圧に懸命であること、常陸の佐竹義宣がひそかに上杉方に通じていることを合わせて考えると、対上杉包囲網の圧力は劇的に軽減されたといえるだろう。それはすなわち、上杉方が攻勢に出る好機でもあったと思われるが、上杉景勝や直江兼続はなぜ関東表ではなく、背後の最上義光を攻める道を選んだのだろうか。

上杉方も決して関東表侵攻を選択肢に入れていなかったわけではないと思う。それは景勝が二大老・三奉行に宛てた次の書状（八月二十五日付）でも明らかである（『真田家文書』上巻五九号）。

（前略）

一、当表《とうおもて》の儀、仰せを蒙る如く、去月廿一日内府江戸を打ち立たれ、廿六・七時分白河表発向議定の処《ところ》、上方変化の様子動転し、悉《ことごと》く敗軍候、内府は今月四日に小山より江戸へ打ち入れられ候、則《すなわ》ち関東表罷り出《い》づべき処、最上・政宗見合せ、慮外《りょがい》の躰《てい》に候

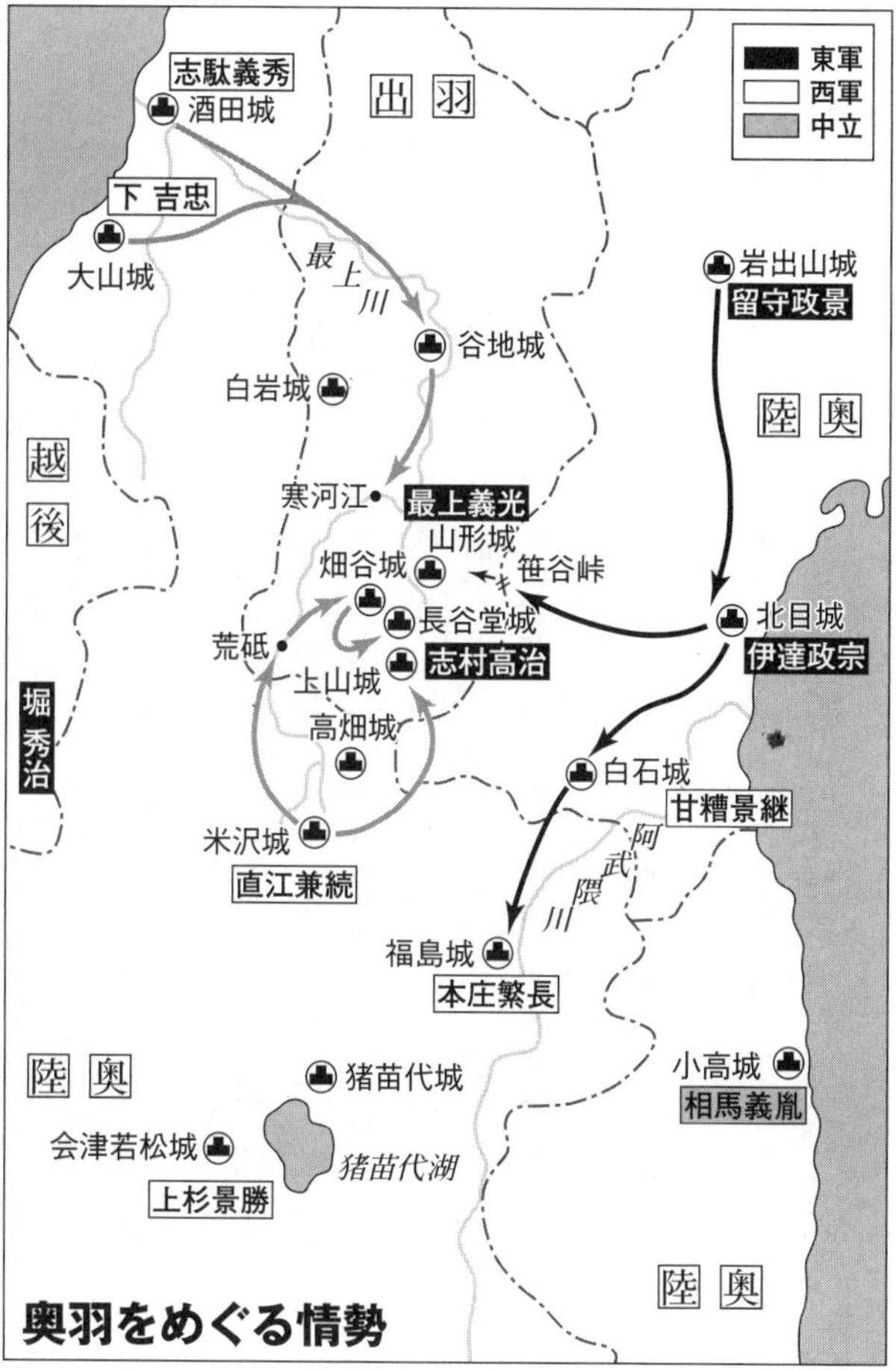
東軍
西軍
中立
出羽
陸奥
越後
志駄義秀
酒田城
下吉忠
大山城
最上川
谷地城
白岩城
寒河江
最上義光
山形城
笹谷峠
畑谷城
長谷堂城
荒砥
志村高治
上山城
高畑城
米沢城
直江兼続
堀秀治
岩出山城
留守政景
北目城
伊達政宗
白石城
甘糟景継
阿武隈川
福島城
本庄繁長
猪苗代城
会津若松城
上杉景勝
猪苗代湖
小高城
相馬義胤
陸奥
陸奥

奥羽をめぐる情勢

条、急度《きっと》申し付け、奥口相済み、関東へ三昧《ざんまい》仕るべく候上は、卒爾《そつじ》に関東表調議に及び、奥口蜂起《ほうき》候へば、手成見苦しく候条、右の分に候、但《ただ》し内府上洛議定《ぎじょう》に候はば、佐竹相談せしめ、万事を抛《なげう》って関東乱入の支度油断なく候条、お心安かるべきの事、

(中略)

一、当表の儀は、随分丈夫に申し付け候条、お心易《やす》かるべく候、諸口申し付け候故、急速に関東へ罷り出でざる候儀、所存千万に候、併《しか》し来月中は佐竹と相談じ、是非行《てだて》に及ぶべく候、猶《なお》当表の仕置、最上・政宗義(儀)もお指図次第その旨存ずべく候、

重複して回りくどい部分、誇張や言い訳めいた部分があるものの、それを差し引いても、なかなか興味深い内容である。前条では、「最上義光と伊達政宗が思いもかけず様子見をしているようなので、もし奥口(信夫口)の手当てを終えて関東表に専念することになった場合、軽率に関東表に出陣して攻撃に出ている間に、奥口で(最上や伊達が)蜂起すると、みっともないことになる。ただし、家康が上洛することに決まれば、佐竹義宣と打ち合わせて、万事を抛って関東に乱入する覚悟である」と述べている。

後条もほぼ同様の内容だが、来月中(九月中)には関東表に侵攻するつもりであること、最上と伊達の仕置についても(秀頼《ひでより》や二大老・三奉行の)お指図を奉じるつもりであると、述べている。

つまり、景勝にとって最大の関心事は、伊達政宗と最上義光をいかに屈伏せしめるかにあった。両者を屈伏させて後顧《こうこ》の憂いをなくすことが関東出陣の前提条件であり、それが実現してはじめて、関東出陣が具体的日程に上るということである。付け加えれば、家康の上洛もその条件のひとつだった。

最上領侵攻

実際、上杉方は伊達・最上との和睦《わぼく》交渉を進めていた。まず伊達政宗との交渉をみてみよう。直江兼続が九月三日付で福島《ふくしま》城将の本庄繁長《ほんじょうしげなが》に宛てた書状が興味深い。それによれば、「奥口御無事の儀」つまり信夫口で政宗との和睦が進みつつあり、関東への共同出兵を政宗に提案した様子がうかがえる（木村徳衛・一九六九）。

一、関東ご出馬の砌《みぎり》、政宗ご同陣申し上げられ候歟《か》、然らざれば、家老五、三人も相済（添）み（之カ）人数五千も三千も相立てられ候て、万一お弓矢むつかしき事出来《しゅったい》候とも、関東ご静謐《せいひつ》中別心これなき様、お堅め第一に候事。

「上杉勢が関東表に出陣するとき、政宗にも同陣を要請し、それが無理なら、家老の三人か五人に軍勢三〇〇〇〜五〇〇〇人を出陣させるようにしたい。万一戦況が思わしくなくても、関東出陣の間は伊達が別心（裏切り）しないように備えを固めておくことが肝要である」と

山形城跡に立つ最上義光像（山形市）

兼続は強調している。

もっとも、兼続も政宗との和睦がそう簡単に成立すると楽観していなかった。同書状にも「もし政宗方より手切れを申し入れてきても、押し返して使者を遣わし、先々無事（停戦状態）をつづけるのが至当である」とか「この口（仙道筋）から奥口（信夫口）に出勢するのは最上の出方次第であると考えている」とも述べていることでも、それは明らかである。

兼続が政宗に対して和戦両様の構えでいたのは、義光が上杉方に媚《こ》びてきたことと無関係ではない。最上氏は二四万石で、上杉氏の五分の一の知行高しかない。白河表の東軍主力が反転し、米沢口に詰めていた出羽の諸将も引き上げたとなれば、到底、単独では上杉氏に太刀打《たちう》ちできるはずもない。そのため、義光は一転して時間稼ぎに出ていた。義光が八月十八日付で兼続に宛てた書状は次のような条書だった（『上杉家御年譜』三）。

一、前年、景勝が伏見から国許に帰るとき、義光は山科《やましな》まで見送った。

一、景勝が国許に着いたときは、嫡子修理大夫《しゅりのたいふ》（義康《よしやす》）を送って出迎えた。

一、伏見城での評定に義光も加わったが、その内容は上杉屋敷留守居の千坂対馬守《ちさかつしまのかみ》（景《かげ》親《ちか》）に申し入れた。

一、政宗は上杉領に攻め入ったが、義光は足軽《あしがる》の一人も上杉領に入れていない。

一、以上をお聞き届けあれば、嫡子修理大夫を証人（人質）として差し出し、さらに指図があれば、家中から証人を出す用意がある。義光も軍勢一万を召し連れ、どこへ出兵されてもお役に立ちたい。

とくに最後の一条が重要で、最上方から嫡子義康を人質に出したうえで、最上勢一万人を上杉のために出兵させてもよいというのである。これに関連して、上杉方から伊達方にも軍勢を派遣させろと要求していることを考えると、景勝と兼続は伊達・最上の両勢を率いての関東表出陣を構想していたとも考えられる。

兼続が僚将の甘糟景継《あまかすかげつぐ》に九月四日付で宛てた書状によれば、「最上表にきっと攻め入ると ころ、（義光が）少々懇望《こんもう》してきたので、出陣を延引した。二、三日中に解決するだろう」

と述べて、臨戦態勢をとりつつ義光の態度待ちであることを明らかにしている（『図説 直江兼続』二三九号）。

ところが、義光の殊勝な申し出はまったくの欺瞞《ぎまん》策だった。義光は人質を送ってこないばかりか、逆に敵対行動に出たのである。八月下旬、秋田実季が上杉領の庄内酒田《しょうないさかた》城（城代志《し》駄義秀《だよしひで》）を攻めた。もともと庄内領有を悲願としていた義光もここぞと、秋田勢に一〇〇〇余人の加勢を送ったのである。庄内三郡（田川《たがわ》・櫛引《くしびき》・遊佐《ゆさ》）は上杉氏本領から離れた飛び地であり、敵対勢力である最上・秋田・堀の所領に囲まれていて、きわめて不利な地勢だったので狙われたのである。

九月八日、米沢に集結していた上杉勢が山形めざして進発した。兼続自身も翌九日に出陣している。この主力軍とは別に庄内方面からも志駄義秀と下吉忠《しもよしただ》の別働隊が二手に分かれて最上領に攻め入った。こうしてみると、上杉勢による最上領侵攻の直接的契機は、秋田・最上勢の酒田城攻めに対する報復を目的としたものだったといえそうである。義光の瞞着《まんちゃく》に鉄槌を下そうという意図が明らかである。

さて、兼続が率いた上杉勢の数は、『関原軍記大成』（巻之三十三）では、鉄炮《てっぽう》一二〇〇挺《ちょう》、兵二万八〇〇〇人、『米澤市史』では「凡《およ》そ四万余」としている。ただ、四万余という数字は上杉勢の大半になるから、誇大すぎると思う。

上杉勢は六つのルートから最上領に攻め入ったが、それは、おおよそ次の諸将から成っていた（『米澤市史』第二巻）。

萩野中山口　直江兼続、水原親憲《すいばらちかのり》（猪苗代《いなわしろ》城代）、春日元忠《かすがもとただ》（置賜《おきたま》郡高畠《たかばた》城代）、上泉《こういずみ》泰綱《やすつな》（与板《よいた》衆）、色部《いろべ》衆（置賜郡金山《かなやま》城）

小滝《こたき》口　倉賀野綱元《くらがのつなもと》（与板衆）、色部衆

大瀬《おおせ》口　吉益家能《よしますいえよし》（与板衆）、土橋維貞《どばしこれさだ》（与板衆）、荒砥《あらと》在番衆（置賜郡荒砥城）

栃窪《とちくぼ》口　北条高能《きたじょうたかよし》（与板衆）、赤見外記《あかみげき》（与板衆）、中条三盛《なかじょうみつもり》（置賜郡鮎貝《あゆかい》城代）

掛入石中山《かくれいしなかやま》口　本村親盛《もとむらちかもり》（与板衆）、横田旨俊《よこたむねとし》（置賜郡中山城代）

庄内口　志駄義秀（酒田城代）、下吉忠《しもよしただ》（大浦城代）

兼続は米沢城と出羽置賜郡を中心に三二万石を与えられていたとされるが、この数字は過大で、しかも、自身の知行高ではなく、寄騎同心衆を合わせたものだった。右のうち、与板衆は兼続の旧領である越後三島《みしま》郡与板にちなみ、兼続の被官《ひかん》・同心であり、置賜郡の諸城代はすべて兼続の寄騎だと思われる。

最上攻めの上杉勢のうち、兼続の家来か寄騎同心衆でない者は、武者奉行に任ぜられた水原親憲だけである（景勝の命で前田利太《とします》ら牢人衆も付属された）。つまり、上杉勢中、最大軍団と思われる直江勢と若干の寄騎衆・牢人衆で編成された軍勢だった。

上杉家の会津移封後の支城と城将

地　域	支　城	城　　代	知行高	出　自・履　歴
会　津	南　山	大国　実頼	21,000	直江兼続弟、天神山
	伊　南	清野　長範	11,000	信濃更級郡猿馬ヶ場
	猪苗代	水原　親憲	5,500	越後蒲原郡水原
越　後	津　川	藤田　信吉	11,000	武蔵衆、謙信時代来仕
陸　奥	白　河	芋川　正親	6,000	信濃更級郡牧之島
		平林　正垣	3,000	信濃更級郡平林
	長　沼	島津　忠直	7,000	信濃水内郡長沼
	守　山	竹俣左京亮	2,100	越後蒲原郡竹俣
	浅　香	安田　能元	11,000	越後刈羽郡安田
	二本松	下条　忠親	4,700	越後蒲原郡下条
		秋山　定綱	2,000	越後頸城郡糸魚川
	塩之松	山浦　景国	6,500	元信濃衆
		市川　房綱	6,700	信濃高井郡市川
	福　島	本庄　繁長	11,000	越後岩船郡本荘
	宮　代	岩井　信能	6,000	信濃水内郡飯山
	大　森	栗田　国時	8,500	信濃水内郡善光寺別当
	保　原	大石　元綱	5,500	元武蔵衆、上杉氏被官
	梁　川	須田　長義	20,000	信濃埴科郡海津城将
	白　石	甘糟　景継	20,000	越後五泉・庄内酒田城将
置　賜	米　沢	直江　兼続	60,000	越後三島郡与板
	金　山	色部　光長	10,000	越後岩船郡平林
	中　山	横田　旨俊	12,000	会津芦名氏遺臣、山内姓
	高　畠	春日　元忠	5,000	信濃衆、越後村上城代
	荒　砥	泉沢　久秀	11,000	越後蒲原郡大面城将
	鮎　貝	中条　三盛	10,000	越後蒲原郡中条
	小　国	三潴等在番		
庄　内	大宝寺	木戸　元斎	5,000	武蔵出身
	大　浦	松本　助義	3,200	越後三島郡荻
		下次右衛門	3,000	
	酒　田	志駄　義秀	5,000	越後三島郡夏戸
佐　渡	沢　根	須賀　盛能		越後出身
	羽　茂	黒金　尚信	2,500	越後出身

『新潟県史』通史編・中世より

この編成から読み取れるのは、決して上杉軍の主力を動員したわけではなく、兼続は最上攻めをあくまで関東表出陣の条件をととのえるための一時的な局地戦と位置づけていたのではないかということである。兼続は義光に大打撃を与えて政宗を孤立させたうえで、関東表への出陣を策していたのではないだろうか。その前提には、上方での東西両軍の対峙《たいじ》が長期戦になるだろうという戦略的見通しがあった。

しかし、政宗も最上の敗北は自身の孤立化を招くことを承知していたので、義光に援軍を送った。伊達方の留守《るす》政景《まさかげ》の後詰を得た最上方の抗戦は予想以上に激しく、九月三十日、上杉勢が長谷堂《はせどう》城を囲んでいるとき、関ヶ原の勝報が義光にもたらされた。これを機に攻守所を変えて、兼続は苦難の撤退戦を強いられることとなった。かくして、上杉勢が関東表にその雄姿を現す機会はついに訪れなかったのである。

【謎12】三成の東進策はなぜ実らなかったか

三成の楽観主義

一〇万人ともいわれる西軍を結集した石田三成の基本戦略はどのようなものだったのか。それはまず、畿内《きない》周辺の東軍拠点（伏見城・大津《おおつ》城・田辺《たなべ》城など）を攻略したうえ、家康率いる東軍主力が白河表に釘付けになっている間に、伊勢《いせ》・美濃・尾張方面に進出して、会津の上杉景勝との間で、いわゆる東西挟撃《きょうげき》の態勢を築くことだった。

七月十七日、「内府ちがひの条々」の檄文《げきぶん》を発して挙兵すると、まず伏見城攻略にとりかかり、八月一日、ようやく一〇日以上かけてこれを落とした。伏見落城ののち、西軍諸将の間で、進出すべき各方面の部署が決められたようである。その期日は判明しないが、八月五日には毛利秀元《ひでもと》・吉川広家《きっかわひろいえ》・安国寺恵瓊《あんこくじえけい》・長束正家《なつかまさいえ》・石田三成らが軍勢を動かしているので、それ以前に決められたのは間違いない（『義演准后日記《ぎえんじゅごうにっき》』同日条）。

伏見が落城し、小山で東軍主力が反転した時期、三成が彼我《ひが》の形勢をどのように判断していたかがうかがえるのが、真田昌幸宛て書状（八月六日付）である（『関ヶ原合戦史料集』同日条）。

一、内府は会津（上杉）・佐竹を敵として、僅《わず》かに三万の人数を持ち、分国《ぶんこく》に一五の城を抱え、二十日路（関東から上方への所要日時）を上られる事ができるものであろうか。（東海道）路次筋の面々、今度（会津表へ）出陣した上方衆はどうであろうか。内府次第といっても、二〇年以来の太閤様の御恩《ごおん》を、内府の去年一年（の御恩）に替えて、しかも秀頼様を疎略《そりゃく》にし、あまつさえ大坂に妻子を残している。そのうえ内府は諸大名に温情をかけていないと聞いている。右のような分別もなく、（内府が）自分の人数一万、上方勢（豊家譜代衆）一万ばかりで上洛しても、尾張・三河の間で討ち取れることはまことに天が与えた幸運である。そうなれば、会津・佐竹や貴殿（昌幸）は関東へ（甲冑《かっちゅう》ではなく）袴《はかま》を着て乱入できるというものである。

宣伝文書であることを割り引いても、三成は恐ろしく楽観的である。家康は諸大名に支持されておらず、関東の領国を守るのが精一杯で、なかなか上洛の決断がつかないだろうし、たとえ上洛しても、兵力は家康勢一万、豊家譜代衆一万の合わせて二万程度。これなら、尾張・三河の国境で容易に討ち取れるというのである。

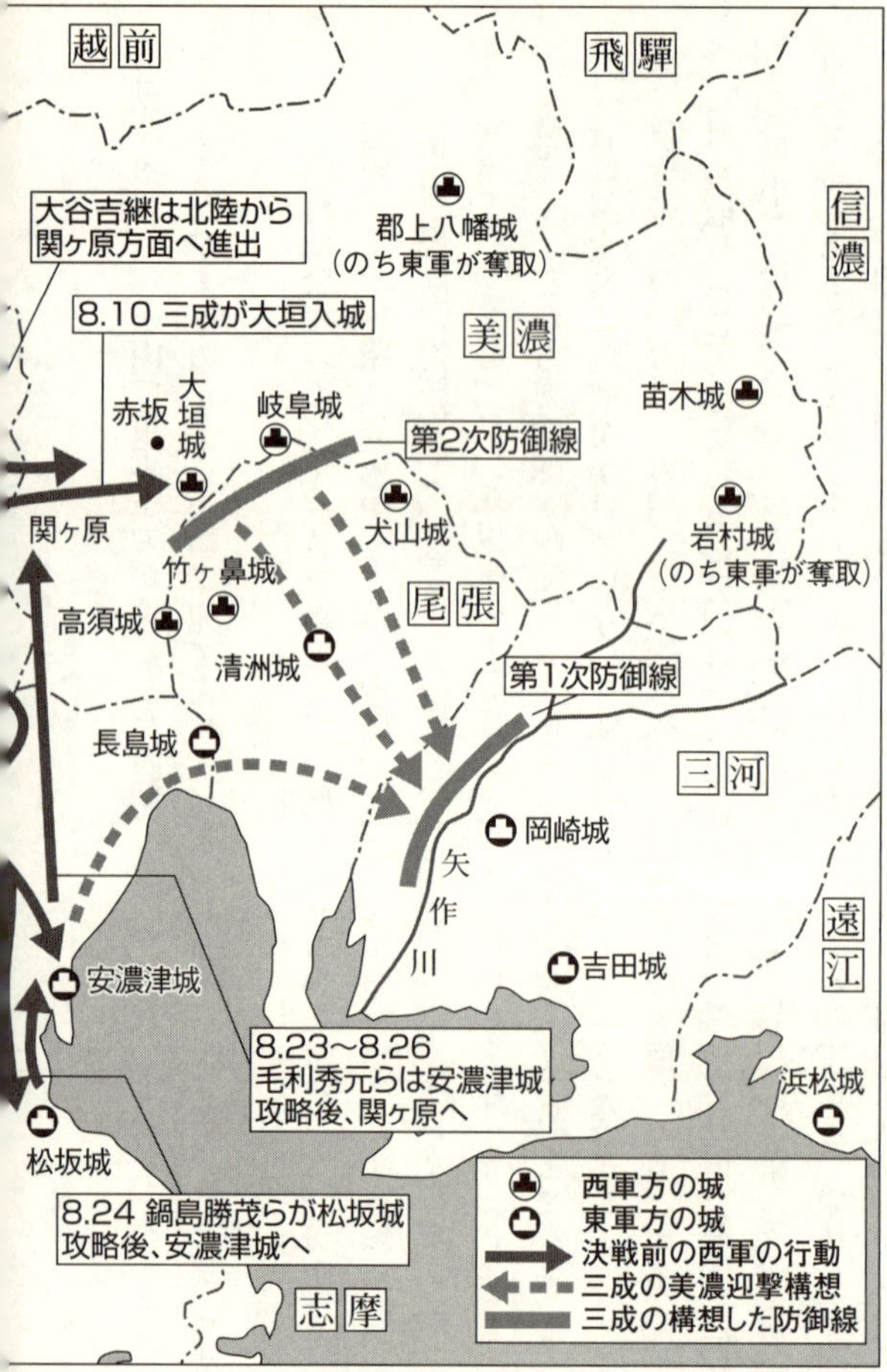
越前
飛驒
信濃
大谷吉継は北陸から
関ヶ原方面へ進出
郡上八幡城
（のち東軍が奪取）
8.10 三成が大垣入城
美濃
苗木城
赤坂
大垣城
岐阜城
第2次防御線
関ヶ原
犬山城
岩村城
（のち東軍が奪取）
竹ヶ鼻城
尾張
高須城
清洲城
第1次防御線
長島城
三河
岡崎城
矢作川
遠江
安濃津城
吉田城
8.23〜8.26
毛利秀元らは安濃津城
攻略後、関ヶ原へ
浜松城
松坂城
8.24 鍋島勝茂らが松坂城
攻略後、安濃津城へ
西軍方の城
東軍方の城
決戦前の西軍の行動
三成の美濃迎撃構想
三成の構想した防御線
志摩

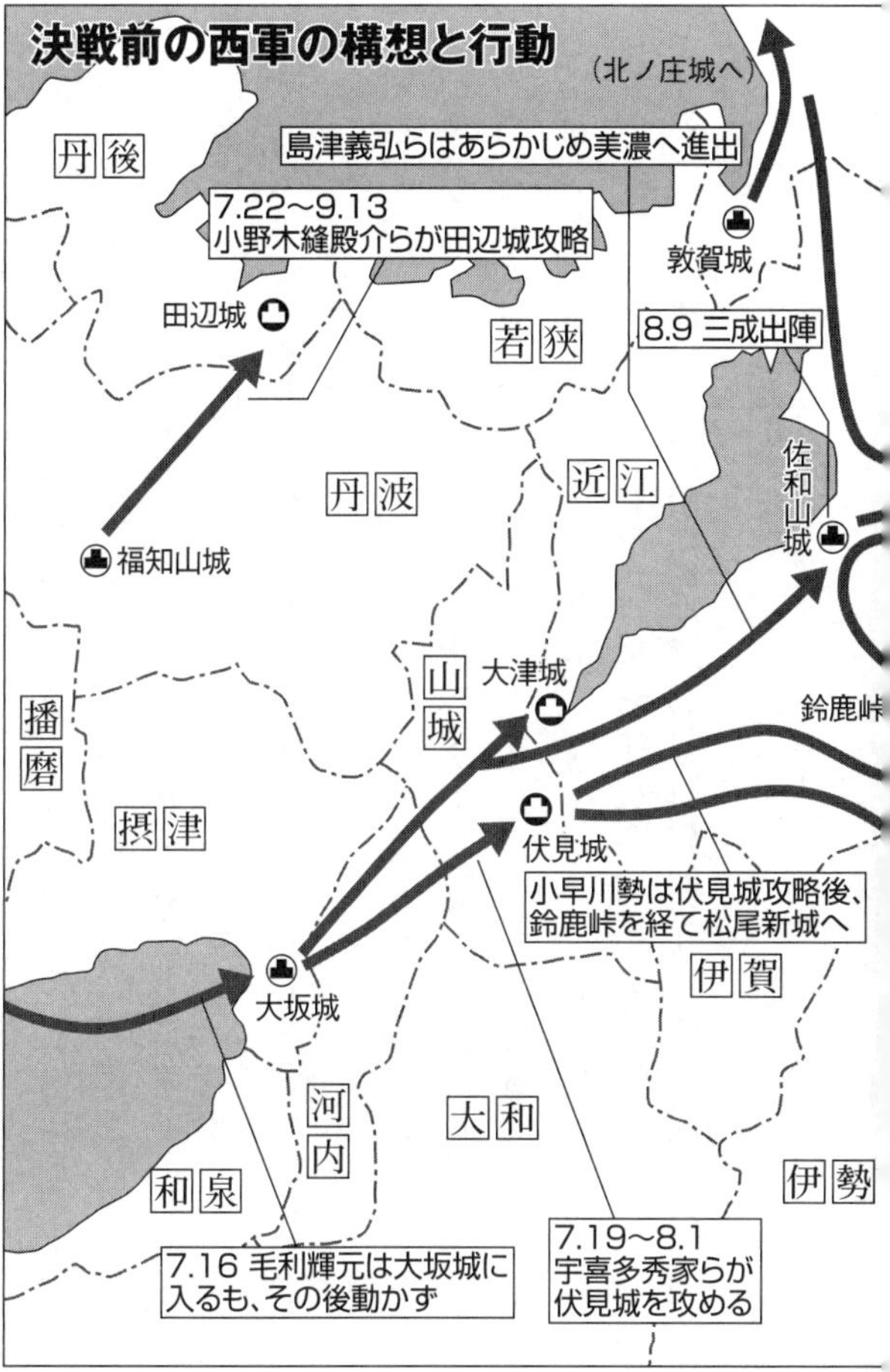
決戦前の西軍の構想と行動
（北ノ庄城へ）
島津義弘らはあらかじめ美濃へ進出
丹後
7.22~9.13
小野木縫殿介らが田辺城攻略
敦賀城
田辺城
若狭
8.9 三成出陣
佐和山城
丹波
近江
福知山城
山城
大津城
鈴鹿峠
播磨
摂津
伏見城
小早川勢は伏見城攻略後、
鈴鹿峠を経て松尾新城へ
伊賀
大坂城
河内
大和
和泉
伊勢
7.16 毛利輝元は大坂城に
入るも、その後動かず
7.19~8.1
宇喜多秀家らが
伏見城を攻める

三成はこれと前後して、常陸の佐竹義宣にも書状を送っている。それにも「万が一にも、家康うろたへ上り候はば、尾州《びしゅう》・参州《さんしゅう》の間にて討ち果たすべく儀、案中《あんのうち》に候」と豪語している(右同書八月七日条)。「尾州・参州の間」といえば、矢作川《やはぎ》がある。三成は上洛して来るであろう家康率いる東軍諸勢を矢作川で迎撃しようと考えていたのであろうか。

三成が昌幸や義宣に書状を出したのは伏見城攻略から数日後で、すでに西軍は伊勢・美濃・北国《ほっこく》の各方面に進出を始めた頃だった。三成としては三方面を平定したのち、尾張・三河の国境までは十分進出できると想定していたようである。

果たして、三成の構想は時間的・物理的に可能だったのだろうか。結論からいえば、机上の空論になってしまったといわざるをえない。

この構想実現のカギを握るのは、伊勢と美濃に分散して進出した西軍主力をなるべく早く尾張に集結させることと、美濃の旧織田系諸大名に影響力をもつ織田秀信《ひでのぶ》(美濃岐阜一三万五〇〇〇石)を味方につけること、そして東軍に属した豊家譜代衆の旗頭《はたがしら》である福島正則の居城清洲を接収もしくは攻略することにあった。

このうち、織田秀信を西軍に味方させることには成功したものの、残りの二つははかばかしくなかった。三成が真田昌幸に宛てた八月五日付の書状に次の一節がある(『真田家文書』上巻 五五号)。

一、拙者《せっしゃ》儀、先づ尾州表へ岐阜中納言（織田秀信）殿申し談じ、人数出し候、福嶋左太（正則）只今《ただいま》お理《ことわり》申す半ばに候、相済むにおいては三州《さんしゅう》表へ打ち出《い》づべく候、もし済まずにおいては、清《きよ》須《す》へ勢州え一所に成り候て行《てだて》に及ぶべく候、

三成の東進策が挫折した清洲城模擬天守（愛知県清須市）

三成は八月八日、佐和山《さわやま》を発して美濃表に入り、大垣城主の伊藤盛正《いとうもりまさ》を説いて開城させ、十一日に入城している。その間に織田秀信への説得工作が成功して、秀信が西軍に投じたので、美濃の大名がほとんど西軍に靡《なび》いた。尾張犬山城主の石河貞清《いしこさだきよ》も味方したので、西軍は尾張の一角にも足がかりを得た。

ところが、清洲城に「秀頼君の上意《じょうい》」として開城を申し入れたところ、留守を預かる大《おお》崎長行《さきながゆき》や津田備中《つだびっちゅう》（正則の舅）が「主人の下《げ》知《ち》もない内に、この城を渡し申さん事、覚悟にも及ばぬ事なり」として開城に応じなかっ

富田信高の居城・安濃津城模擬隅櫓（三重県津市）

た（『関原軍記大成』巻之十四、「東照宮御事蹟」七月二十八日条）。

清洲開城の催促は秀信を通じても行われた。尾張葉栗郡郡《はぐりぐんこおり》の土豪生駒隼人《いこまはやと》（織田信長側室《そくしつ》生駒氏の甥《おい》）も籠城《ろうじょう》していたが、秀信は隼人の父、八郎《はちろう》右衛《え》門家長《もんいえなが》を呼び寄せて、隼人に開城を促した。しかし、隼人は「一旦正則に頼まれ、城を預かりて父の命なりとて、二心《ふたごころ》を存ぜんこと本意にあらず」として父の要請を拒絶している（『武家事紀《ぶけじき》』中巻第二十三）。

右の三成書状によれば、開城交渉が不首尾なら、清洲口（美濃から下る軍勢）と伊勢口が「一所（緒）」になって清洲城を攻め落とす手筈《てはず》になっていたが、西軍が清洲城を攻めようとした形跡はない。一説によれば、これと相前後して大垣城を開城させたので、三成はこれに満足していたともいう。

むしろ、三成は攻めようにも攻められなかったのではないか。伊勢に向かった西軍は毛利秀元・宇喜多秀家を総大将とする四万余の大軍だったが、八月五日に鈴鹿峠《すずかとうげ》を越えながらも、動きが鈍く、先手衆の安国寺恵瓊や長束正家が家康来襲の虚報に怯《おび》えていったんは退陣するなど士気が振るわずにいた。そのため、富田信高《とみたのぶたか》らがこもる安濃津《あのつ》城を遠巻きにしたまま、二〇日近くも手を拱《こまね》いているありさまだったから、とても尾張表に進出する状況ではなかったのである。

三成の目算は完全にはずれていた。さらに見込み違いだったのは、東軍先鋒三万五〇〇〇余が予想以上に早く西上してきたことだった。十一日は岡崎《おかざき》、十二日は那古野《なごや》に達し、十三日にはとうとう清洲に入城した。

これにより、三成の尾参《びさん》国境、矢作川での迎撃作戦は水泡に帰してしまった。三成は彼我の持ち時間と速度の計算を読み違えたというしかない。

【謎13】岐阜城はなぜ簡単に落ちたのか

西軍の兵力不足

関ヶ原合戦における石田三成の大きな誤算のひとつが岐阜城陥落であることは疑いを入れない。反対に、江戸を動けずにいた徳川家康がこの知らせを聞いて愁眉を開き、西上を決心したことでもわかるように、戦局の大きなターニングポイントとなった。西軍は枢要《すうよう》の前線拠点を失って受け身に追い込まれ、逆に東軍は長良川《ながらがわ》を越えて積極的な攻勢に打って出るきっかけをつかんだといってよい。

では三成はなぜ、岐阜城への有効な後詰を行えなかったのであろうか。その最大の要因は兵力不足だった。西軍のうち、美濃口を担当する予定になっていた諸将は次の面々だった(『真田家文書』上巻 五六号)。

石田三成　六七〇〇人

織田秀信　五三〇〇人
稲葉貞通《いなばさだみち》・同典通《のりみち》　一四〇〇人

岐阜城復興天守（岐阜市）

島津惟新《しまづいしん》（義弘《よしひろ》）　五〇〇〇人
小西行長《こにしゆきなが》　二九〇〇人
稲葉甲斐守《かいのかみ》　四〇〇人
以上、二万一七〇〇人（注：右同書は二万五七〇〇人とするが集計間違い）

これはあくまで机上の計算であり、現実とはかけ離れたものだった。まず稲葉貞通・典通ははじめ西軍についたものの、途中で東軍に寝返っている。また島津義弘の軍勢は過大にすぎる。国許の兄義久《よしひさ》と嫡男忠恒《ただつね》が局外中立の態度をとり軍勢を派遣しなかったので、島津勢はせいぜい一五〇〇人程度だった。

島津勢のほか、瀬田《せた》の守備についていた垣《かき》見一直《みかずなお》・熊谷直盛《くまがいなおもり》・秋月種長《あきづきたねなが》・相良頼房《さがらよりふさ》・高《たか》橋元種《はしもとたね》・伊東祐兵《いとうすけたか》ら九州勢はその後、三成の居城佐和山に入り、垂井《たるい》から大垣城に入っている。島津勢を除く九州勢を合わせても三五〇〇余人にすぎなかった。

以上を勘案して計算しなおすと、岐阜城の陥落以前に大垣城に集結していた西軍は、せいぜい一万四〇〇〇余人だったと思われる。これに対して、清洲城に入った東軍先手衆は「都合三万四千九百八十人」と、西軍の二・五倍の兵力を有していた（『関原軍記大成』二巻之十六）。

前節でみたように、尾張・三河の国境での迎撃《げいげき》作戦を断念せざるをえなかった三成は、次善の策として、前線を濃尾国境、木曽川の線まで後退させた。そして岐阜城との連携を強化しながら、木曽川と長良川流域に点在する犬山・竹ヶ鼻《たけがはな》・福束《ふくづか》の諸城の守りを固め、清洲城を包囲する態勢をとった。

城外出陣の愚策

ところで、織田信長の嫡孫で美濃随一の大名である岐阜中納言秀信は当初、家康の下知に応じて、七月上旬を期して会津表に出陣するつもりだった。ところが、「その家風華奢《きゃしゃ》風流を好み、武備に怠《おこた》りあるに依り、出陣の用意調《ととの》ひ兼《か》ね」るありさまで、支度《したく》に手間取り、空《むな》しく十数日過ぎてしまった。そこへ、上方で挙兵を実現した三成がひそかに家来の河瀬《かわせ》左馬《さまの》

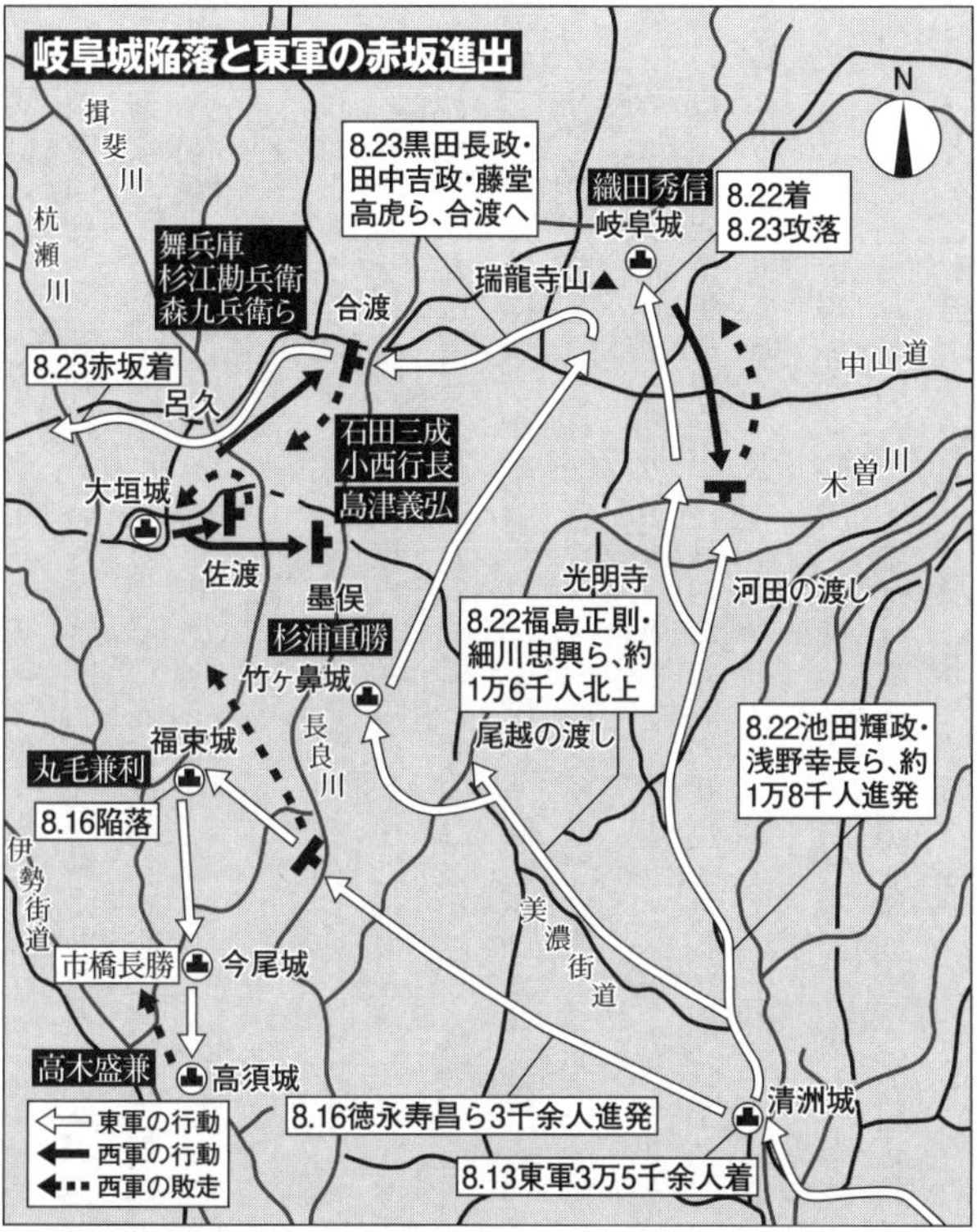
岐阜城陥落と東軍の赤坂進出
N
揖斐川
杭瀬川
8.23黒田長政・田中吉政・藤堂高虎ら、合渡へ
織田秀信
岐阜城
8.22着
8.23攻落
舞兵庫
杉江勘兵衛
森九兵衛ら
瑞龍寺山
合渡
8.23赤坂着
呂久
中山道
石田三成
小西行長
島津義弘
木曽川
大垣城
佐渡
光明寺
河田の渡し
墨俣
杉浦重勝
8.22福島正則・細川忠興ら、約1万6千人北上
竹ヶ鼻城
長良川
福東城
尾越の渡し
8.22池田輝政・浅野幸長ら、約1万8千人進発
丸毛兼利
8.16陥落
伊勢街道
美濃街道
市橋長勝
今尾城
高木盛兼
高須城
清洲城
東軍の行動
西軍の行動
西軍の敗走
8.16徳永寿昌ら3千余人進発
8.13東軍3万5千余人着

助《すけ》を秀信のもとに送り、濃尾二カ国の加増をもって帰順を説かせた。

織田家中は二つに割れていた。老臣の木造《こづくり》具康《ともやす》と百々《どど》綱家《つないえ》が「内府公を敵になし給ふべき道理なし」として西軍に味方することに反対した。一方、秀信側近の入江《いりえ》右近《うこん》・伊達《だて》平左衛門《へいざえもん》・高橋《たかはし》一徳斎《いっとくさい》らが「今又《また》秀頼公へご疎略あらば、世間の人口に懸《かけ》らせ給はんこと必定なり」と述べて三成と結ぶよう進言した。

秀信はひそかに西軍に味方することに決めながら、老臣の木造・百々の二人を上洛させ、奉行・所司代《しょしだい》である前田《まえだ》玄以《げんい》の判断を仰ぐように命じた。玄以は秀信の幼少の頃からの後見人だった。二人が留守にしている間に、秀信は佐和山に赴き、三成と会見して盟約した。その後、二人の老臣が「中納言殿は急ぎ関東一味ご出陣ある様」という玄以の忠告を携えて帰ってきたが、あとの祭りだった（以上、『関原軍記大成』一巻之十八）。

秀信と二人の老臣の間の不信と疎隔は、岐阜城の命運に大きな影を落としたといってよい。それは、名族意識を過剰に背負った秀信の暴走となり、それを二人の老臣が抑止できない形であらわれたからである。

こうして、岐阜城が西軍方に属することになった。秀信が去就を鮮明にしたことは、それなりの波及効果があった。美濃には万石以上の大名が一八人封じられていた（秀信を除く）。そのほとんどが織田家の旧家来筋にあたる者たちである。そのうち、一四人が西軍に従っている（うち四人が東軍に内応）。

　秀信は木曽川下流沿いの竹ヶ鼻城の杉浦重勝《すぎうらしげかつ》に部将の花村半左衛門《はなむらはんざえもん》・毛利掃部《もうりかもん》・梶川三《かじかわさん》十郎《じゅうろう》らの加勢を送り、また石河貞清が守る尾張の犬山城にも、美濃衆の稲葉貞通・加藤貞《さだ》泰《やす》・竹中重門《たけなかしげかど》・関一政《せきかずまさ》らを城番に入れるなど、美濃の国主《こくしゅ》のように振る舞った。

だが、美濃における西軍の最大前線拠点であったはずの岐阜城は八月二十三日、東軍先手衆三万五〇〇〇余の総攻撃をうけて落城する。前日の二十二日にあった河田《こうだ》の渡しでの前哨戦《ぜんしょうせん》（米野《こめの》合戦）を含めても、わずか二日間の戦いだけで東軍の軍門に降《くだ》ったのである。

木曽川堤防に立つ米野古戦場跡（岐阜県笠松町）

　岐阜城といえば、稲葉山《いなばやま》城と呼ばれた斎藤《さいとう》三代の居城であり、天下人織田信長の居城となった要害堅固《ようがいけんご》な名城のはずである。城兵二〇〇〇人足らずがこもった伏見城が数万の西軍に攻められて一〇日以上持ちこたえたのとくらべても、わずか二日で落城の憂き目に遭うのは不思議といえば不思議である。その最大の敗因は、城主秀信が採用した城外出陣という戦術の稚拙さに尽きよう。

秀信の知行高は一三万五〇〇〇石である。三成が真田昌幸に送った西軍大名の交名《きょうみょう》には「五千三百人　岐阜中納言殿」と記されていた（『真田家文書』上巻　五六号）。これはおよそ四人役（一〇〇石に四人）の換算である。

しかも、三成は家来の樫原彦右衛門《かしはらひこえもん》・同弥介《やすけ》・河瀬左馬助・松田重大夫《まつだじゅうだゆう》ら一〇〇〇人の加勢を送ったので、岐阜城の守りはさらに増強された。樫原らは稲葉山の支峰瑞龍《ずいりゅうじ》寺山に砦《とりで》を築いて守備についた（「関原始末記」上）。

石田方の加勢を含めると、岐阜城は六〇〇〇人以上の城兵を有していたことになる。また秀信の老臣木造具康と百々綱家は歴戦の部将でもあった。なかでも具康は伊勢木戸《きど》城主時代、蒲生氏郷《うじさと》と互角に戦った戦歴があった。関ヶ原敗戦後、具康は寄手《よせて》の福島正則から一万九〇〇〇石の大禄《たいろく》で召し抱えられている。これも正則が具康の奮戦ぶりを買ったからであろう。

岐阜城が通常の籠城戦術を採《と》れば、一カ月くらい持ちこたえるのはさほど難しいとは思わない。老臣の木造具康も「敵大軍の聞えあれば、粗忽《そこつ》に出て防ぎ難《がた》し。願《ねがわ》くはご籠城然るべからん」と諫《いさ》めたが、秀信は籠城戦を本意とせず、城外出陣を唱えて次のように豪語した。

「たとえ敵が目に余るほどの大軍なりとも、一戦もせで、城に籠《こも》らば敵を恐るるようにて、

東軍の進撃と岐阜城陥落

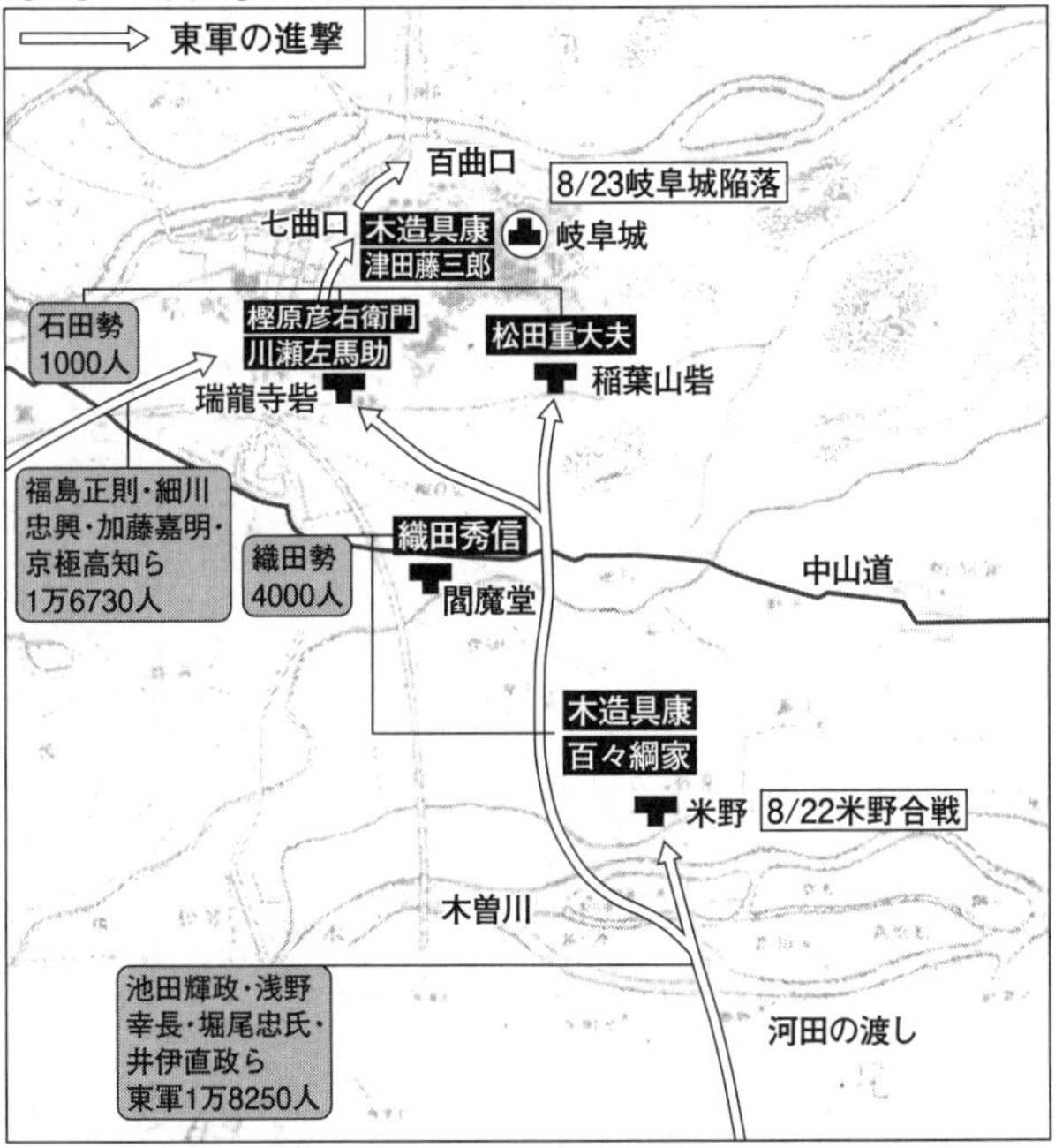

口惜《くちお》しからん。そのうえ大河を前に当てて手痛く防ぎ戦ふにおいては、敵兵たちまち敗北せん」（『関原軍記大成』二巻之十六）。

　秀信、弱冠《じゃっかん》二十一歳。大局を心得ない大言壮語《たいげんそうご》というしかない。織田家の嫡流意識のなせる業《わざ》か。老臣が秀信の暴走を止められなかったとしても、三成が加勢に送った樫原彦右衛門らもいた。彼らは本来なら軍監（軍目付《いくさめつけ》）として、秀信の勝手や放縦《ほうじゅう》を統制する立場にあったはずだが、信長の嫡孫にして権中納言《ごんのちゅうなごん》という筋目と家格に遠慮があったのか。いずれにせよ、これは三成の指導力の限界も示していた。

城外に出陣しての野戦となれば、たとえ織田方が木曽川という天然の要害を盾にしたとしても、兵数の格差が大きすぎた。

八月二十二日、岐阜城を出撃した織田勢は木造具康・百々綱家らが木曽川北岸の米野に陣取り、総大将の秀信はその後方、川手《かわで》村の閻魔堂《えんまどう》に本陣を置いた。このときの織田勢がどれくらいの人数だったかといえば、細川家の記録に「人数四千計《ばかり》押し出し」とある（「細川忠興軍功記」）。

これに対して、清洲城を発した東軍は総勢三万五〇〇〇人。このうち、織田方が守る河田の渡しに攻め寄せたのは、池田輝政・浅野幸長・堀尾忠氏《ほりおただうじ》らで「一万八千二百五十人」と、織田方の四倍以上だった（『関原軍記大成』二巻之十六）。

織田方には戦術面でも齟齬《そご》があった。米野に陣した木造・百々らはしばらくここで支えてから、秀信の本陣である閻魔堂まで退いて、もう一戦する手筈になっていた。ところが、打ち合わせどおり退いたら、秀信はおじけづいたのか、すでに城内に引き揚げたあとだったという。しかし、仮に打ち合わせどおりになっていたとしても、木曽川を押し渡ってかさにかかる東軍諸勢を織田方が撃退できたとはとても思えない。

米野合戦は卯《う》の刻（午前六時）から辰《たつ》の刻（午前八時）までの二時間ほどで終わった。織田方の損害は「関東方へ討ち取る首級《しゅきゅう》、総じて七百余級、生捕《いけどり》五十四人なりとかや」という（右同書）。短時間で二割近くの兵力を失ったのだから、織田方の大敗北である。

緒戦《しょせん》の敗北により、織田方の戦意は一気に低下した。米野合戦で敗走した雑兵《ぞうひょう》は城中に戻らなかった者が相当数いた。「新参の輩《ともがら》は大方落ち行き、十人組はわずかに三、四人ならでは見えず」というありさまになった（「美濃国諸旧記」）。

翌二十三日、岐阜城は大手《おおて》口の七曲《ななまがり》口と、搦手《からめて》口の百曲口の双方から東軍の猛攻を受けた。石田方の加勢は瑞龍寺砦で玉砕した。大手を守っていた木造具康や津田藤三郎といった譜代部将の部分的な奮戦があったものの、寄手の猛勢を押し止《とど》められなかった。秀信は本丸に主従わずか三〇余人だけで孤立した挙句、池田輝政に降伏した。

名門の御曹子《おんぞうし》が過剰な自負と軽挙によって自滅した一戦というべきか。それにしても、西軍にとっては高価な敗戦だった。

第三部

決戦関ヶ原

——西軍の関ヶ原転進から決戦まで——

【謎14】家康は大垣城の西軍とどう戦うつもりだったのか

大垣城水攻め策

東西両軍が美濃赤坂《みのあかさか》と大垣城《おおがき》で対峙《たいじ》するという状況が生まれたのは、八月二十三日の岐阜《ぎふ》落城からである。豊家譜代《ほうけふだい》衆が主力の東軍先手《さきて》衆は、石田三成《いしだみつなり》・小西行長《こにしゆきなが》・島津義弘《しまづよしひろ》らがこもる大垣城にも攻めかかろうという勢いだったが、結局、取り止《や》めている。家康から自重を促す軍令が届いたからである。

家康が岐阜攻略を知ったのは、わずか四日後の二十七日正午頃だと推定される。その日のうちに、家康は福島正則《ふくしままさのり》・池田輝政《いけだてるまさ》ら東軍先手衆に戦勝を祝す感状《かんじょう》を送ったが、「聊爾《りょうじ》なきよう、お働き専一に候《そうろう》、我等父子をお待ち尤《もっと》もに候」という一節を付け加えるのを忘れなかった（『新訂 徳川家康文書の研究』中巻）。「聊爾」とは軽はずみなことという意味である。

家康父子の着到を待つことにした東軍先手の諸将は赤坂宿《じゅく》の南にある小高い岡山に家康の

水攻めにされそうになった大垣城（岐阜県大垣市）

本陣を普請《ふしん》しはじめた。その一方で、東軍先手衆の間でただ家康父子の着到を待つだけでは芸がないと思ったのか、大垣城を水攻めにしようという作戦が持ち上がった形跡がある。家康が真田信幸《さなだのぶゆき》に宛《あ》てた九月一日付の書状に、「仍《よっ》て大柿（垣）石田治部少輔《じぶのしょう》・嶋津（義弘）・備前中納言（宇喜多秀家）・小西摂津守（行長）籠《こも》り居《お》り候、即《すなわ》ち取り巻きて水責めを成すべきとて、早速出馬せしめ候」とある（『真田家文書』上巻六〇号）。

これに関連すると思われる記事が細川家の記録にもある（「細川忠興軍功記」）。

「大垣の城水攻めに成し申すべき由《よし》、西尾豊後《にしおぶんご》殿申さるるに付き、豊後殿水堰《せき》上げを承《うけたまわ》り、早《はや》町え水上げ申す時分、村越茂助《むらこしもすけ》殿江戸より上使《じょうし》に赤坂へ着き申さる、茂助殿申さるるは、水お仕懸《しけ》け候儀、お待ちあるべく候、左様《さよう》に成り候てご威勢なく候、急度《きっと》ご出馬成され候様に仕《つかまつ》るべしと申さるるに付き、水堰止め申し候頃、九月三日、四日にてあるべく御座候」。

これによれば、水攻めを提案したのは西尾光教《みつのり》（美濃曾根《そね》二万石）だったようである。曾根は大垣北方わずか一里ほどのところであるから、光教が大垣城の地勢を熟知していたとみて間違いない。光教が水攻めのための堰を築きはじめた頃、家康の使者村越直吉が赤坂にやってきて、水攻めの中止を命じたという。その理由は「ご威勢なく候」、つまり士気が衰えるというのである。

細川家の記録が、直吉が清洲《きよす》への使者に続いて、再び赤坂にやってきたのを九月三日か四日とするのは微妙で諸史料で裏付けがとれないものの、岐阜攻略と同時に、先手衆から大垣城を水攻めしたいという意図を聞かされて、家康がその策はせっかくの勢いを矯《た》めることになるとして中止を命じたとすれば、時間的な平仄《ひょうそく》は合わないことはない。

いずれにせよ、家康が真田信幸宛ての書状で述べているように、東軍方に一時、大垣城の水攻め策がもち上がったのはほぼ確実であろう。

大垣城が水攻めに適していたかについては、橋場明（現在、日月）氏の詳細な論考がある。それによれば、大垣城一帯は「大垣輪中《わじゅう》」と呼ばれて、現在でも「水郷」として有名な町であること、西美濃三人衆として知られる氏家卜全《うじいえぼくぜん》が大垣城のすぐ下に「水門川《すいもん》」と呼ばれている人工運河を開削《かいさく》したこと、明治二十九年（一八九六）の大洪水では、大垣城の天守閣の石垣まで水に浸かった事実があることなどを挙げていて、まことに興味深い（橋場・二〇〇〇）。

にもかかわらず、家康が水攻め策を採用しなかったのは、先に述べたとおり、水攻めのための普請がともすれば、先手衆の大名から雑兵《ぞうひょう》に至るまで、将兵の士気の弛緩《しかん》を招くとともに、持久戦模様となれば、西軍の後詰《ごづめ》、とりわけ毛利輝元《もうりてるもと》が豊臣秀頼《とよとみひでより》を擁《よう》して美濃表に進出してくる可能性などを恐れていたとも考えられる。

九月十一日、家康が清洲に到着した前後、中山道《なかせんどう》の秀忠《ひでただ》勢が未着なのを知って動揺したこ

中山道の赤坂一里塚跡（岐阜県大垣市）

とはすでに述べた。このとき、家康は一刻も早く赤坂に急行すべきなのに、風邪《かぜ》と称して翌十二日まで清洲に留《とど》まった（「慶長記」上同日条）。これは二木謙一氏も指摘するように、秀忠の着到を少しでも長く待とうという「親心」だったかもしれない（二木・一九八二）。

家康は十二日、ひそかに赤坂陣にいる藤堂高虎《とうどうたかとら》を清洲に呼び寄せて、夜から夜半にかけて密談している（「慶長記」上）。大垣城にこもる西軍の様子はむろん、赤坂陣の東軍先手諸将の動向を把握するとともに、中山道にある秀忠勢を待つべきかどうか、最終的な打ち合わせをしたものであろう。

時間と兵数のどちらを優先するか――家康は大いに迷ったと思われる。家康の旗本《はたもと》衆が清洲、秀忠勢が岐阜に集結したうえで、一度にどっと赤坂表《おもて》に押し出せば、西軍に与える威圧効果は劇的で計り知れない。

しかしながら、秀忠勢が美濃に着くのにあと何日かかるか、情報不足のために不明だった。このままでは秀忠勢の着到までに、赤坂表でどんな不測の事態が起こらないともかぎらない。

結局、家康があえて清洲に二日間も留まったのは、この作戦の重大な岐路に家康自身が何らかの心の整理をつけるためだったのではないか。そして出した結論は、とりあえず秀忠勢をあてにせず、士気と勢いを重視して家康の旗本衆だけで赤坂表に進出するというものだった。

【謎15】西軍の関ヶ原転進には三成の秘策があったのか

三成の目算をはずした二つの出来事

関ヶ原合戦での不思議のひとつは、大垣城にこもっていた西軍が九月十四日深更《しんこう》、突如として関ヶ原に陣替《じんがえ》したことではないだろうか。

この点に関して、赤坂に着陣した家康が佐和山《さわやま》を攻めて京・大坂に上るという流言《りゅうげん》を触れ回ったので、大垣城にあった三成がこれを真にうけて、その企図を妨《さまた》げようとしてあわてて関ヶ原に移動したというのが通説になっている感がある（「関原御一戦記」「慶長軍記」など）。

しかし、これは三成を臆病《おくびょう》な凡将とする江戸時代の徳川史観に害されているとしかいいようがない。事はそれほど単純ではない。大垣と赤坂の長期滞陣になったことにより、西軍方も敵中に細作《さいさく》を放って情報収集をしていた。それは三成が増田長盛《ましたながもり》に宛てた最後の書状（九月十二日付）に「敵方へ人を付け置き聞かせ申し候」云々《うんぬん》とあることでもわかる（『新訂 徳川家康文書の研究』中巻)。

東軍のうち関ヶ原にいちばん近い昼飯《ひるい》村に布陣していた福島正則や細川忠興の軍勢には十四日夜の時点で陣替する動きはまったくなかった。それを裏づけるのは細川氏の家記である(『綿考輯録《めんこうしゅうろく》』二 巻十六)。

「十四日の宵《よい》までは決定《けつじょう》、合戦あるべきとも知れ申さず候、その故《ゆえ》は敵十二、三万の人数にて大畧《たいりゃく》は大柿(垣)の城に在《あ》り、栗原山《くりはらやま》・南宮山《なんぐうさん》に陳(陣)をかまへ要害をしめて扣《ひか》へ居り候に、軽々しく関ヶ原へご人数出さるべき様これなく、すでに敵を偽りて引き出すため、陣所をうつしか(移)(替)へらるべしと仰《おお》せ渡されけるとこれあり」。

これによれば、忠興は少なくとも十四日深夜までは、翌日に必ずしも合戦があるとは思っておらず、ましてや西軍が要害に布陣しているので、関ヶ原方面に軽率に兵を出せないと認識していたことを示している。

さらに忠興の動きを同書で追ってみると、十五日未明、陣屋にいた忠興は近くに布陣する僚軍《りょうぐん》が陣替にあわただしいとの注進をうけ、「合点行かず」と首をひねっている。そこへ、福島正則から吉川広家《きっかわひろいえ》の情報として、大垣城の西軍が関ヶ原に転進しつつあることを知らされた。忠興はこのとき、合戦は先に仕掛けるより、受けて立つほうが楽だという感想を洩《も》らしている。つまり、先に動いたのは東軍ではなく、西軍のほうだったのである。

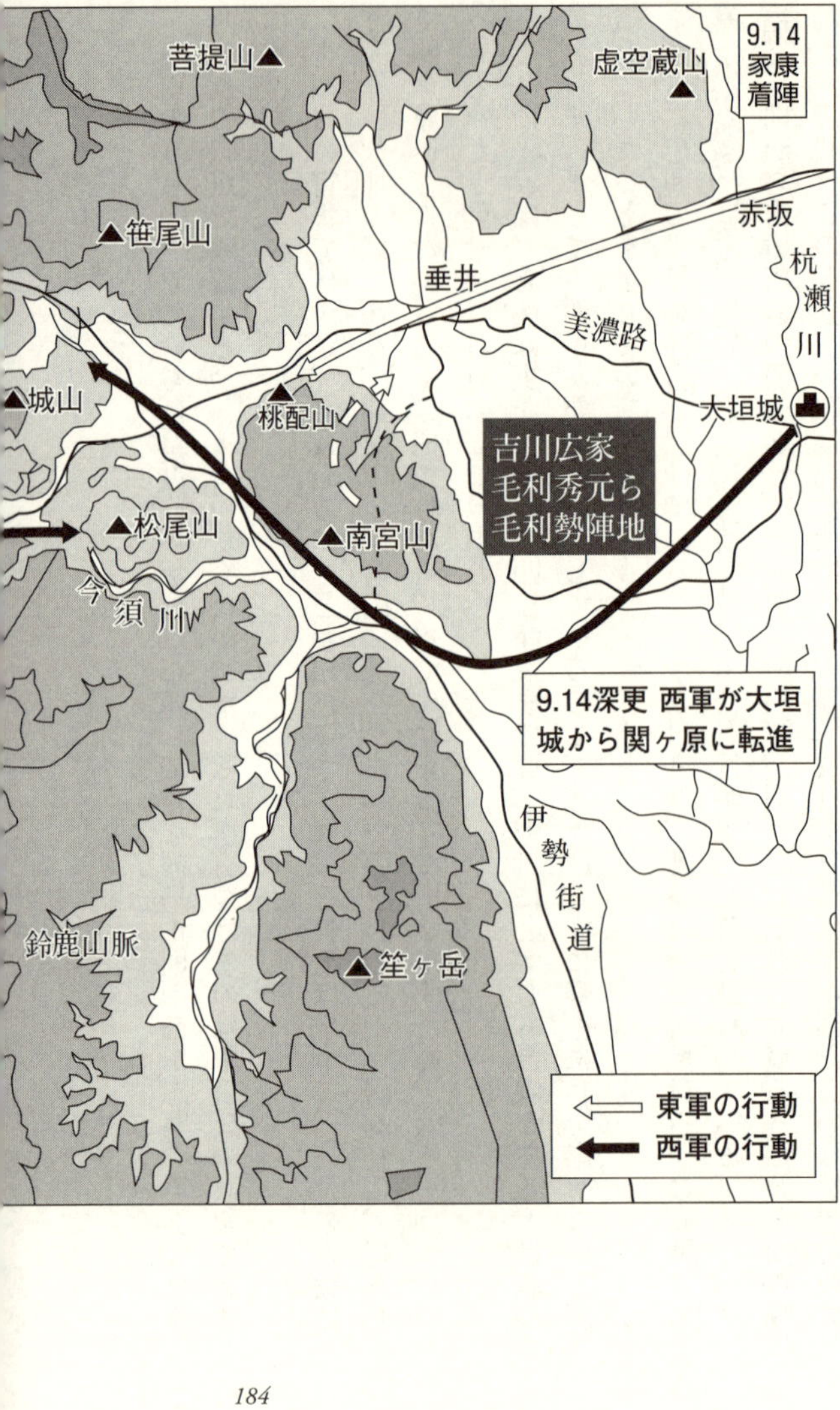

9.14
家康
着陣
菩提山
虚空蔵山
笹尾山
赤坂
垂井
杭瀬川
美濃路
城山
桃配山
大垣城
吉川広家
毛利秀元ら
毛利勢陣地
松尾山
南宮山
今須川
9.14深更 西軍が大垣城から関ヶ原に転進
伊勢街道
鈴鹿山脈
笙ヶ岳
東軍の行動
西軍の行動

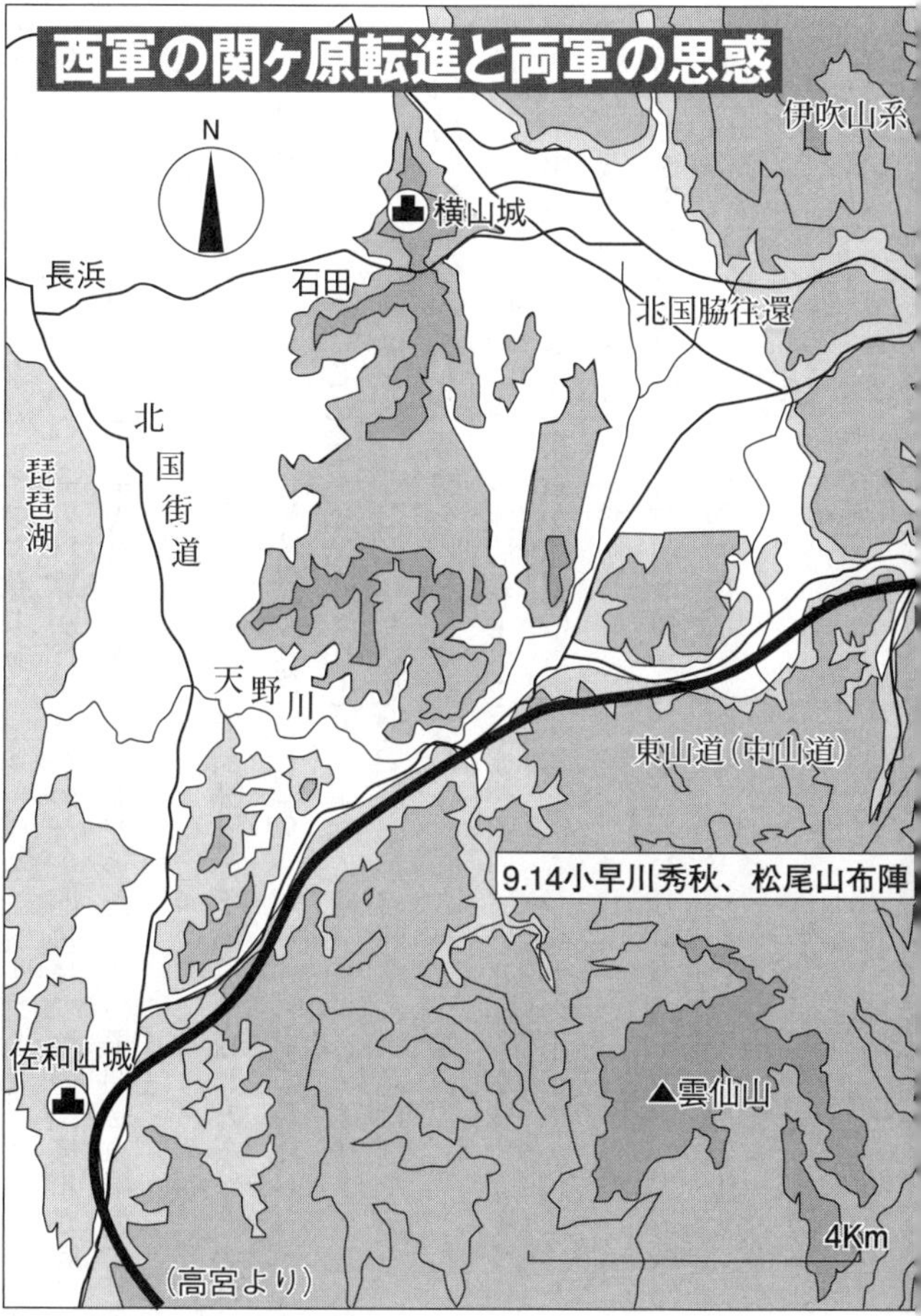
西軍の関ヶ原転進と両軍の思惑
伊吹山系
N
横山城
長浜
石田
北国脇往還
北国街道
琵琶湖
天野川
東山道(中山道)
9.14小早川秀秋、松尾山布陣
佐和山城
▲雲仙山
4Km
(高宮より)

右で述べた三成の増田長盛宛て書状には「敵陣は二十日の中《うち》に破り候はん儀は、何《いず》れの道にも多安《たやす》かるべき（容易《たやす》かるべき）儀に候へども」云々と記している。つまり、はじめ三成は長期対陣を想定していた。その目算がはずれたのは十四日に二つの出来事が起こったためである。家康の赤坂着陣と小早川秀秋《こばやかわひであき》の松尾山《まつおさん》占拠だった。この予期せぬ事態に三成は戦略の修正を迫られた。

すでに長盛宛て書状にあるように、三成は毛利輝元の不出馬は致《いた》し方ないと半ば諦《あきら》めていた。「輝元ご出馬これなき事、拙子体《せっしてい》は尤《もっと》もと存じ候、家康上られざる上には入《（要）》らざるかと存じ候へども、下々《しもじも》はこの儀も不審たて申し事に候事」とあるのがそれだが、あくまで家康も西上してこなければおあいこだという意味で、家康が着陣すれば話は別である。さらに輝元不出馬に配下の者どもが不満を鳴らしていることも明らかにしている。

同書状では、全体的に西軍の沈滞ムードを三成が嘆いている印象が強い。そういうなかで、輝元の不出馬だけでなく、家康が赤坂に着陣するという予想外の出来事が起こったのである。三成の不安が高まらないほうがおかしい。

家康と徳川勢の着陣により兵力が増強されて士気上がる東軍の圧力を、大垣城だけで受け止めるのは苦しいと、三成が悲観的な情勢判断を下し、ついには関ヶ原転進という退嬰《たいえい》策に出たと考えることもできる。

もうひとつ、三成に転進を決意させたものは小早川秀秋の意外な動きだった。偶然の一致かもしれないが、家康の赤坂着陣と秀秋の松尾山占拠はともに同日の午《うま》の刻《こく》(午後零時頃)だった。

「西方(西軍)にてこれを聞くや内府のお上りを驚きたるに、その時秀秋拍子を合わせて着かれたるは心得難《がた》く、内府懇意の人なれば内通ならんと申しあへり」(「東照宮御事蹟」九月十四日条)。

秀秋が家康と内通しており、示し合わせた行動だというのだ。家康の侍医、板坂卜斎《いたさかぼくさい》は次のように記す(「慶長記」上)。

この時、備前中納言殿《びぜんちゅうなごん》・小西摂津守《せっつのかみ》・石田治部少輔、大柿《(垣)》を出て関原《せきがはら》へまいられ候由、子細は筑前中納言殿《(小早川秀秋)》むほん《(謀反)》と風聞《ふうぶん》候、仕置《しおき》いたすべきとて、出《いで》られ候由、これを先手の衆は存ぜず。

秀秋の「むほん」を「仕置」すること、つまり、大垣城の西軍が大挙して関ヶ原に陣替することにより、小早川勢の動きを封じ込め、あくまで西軍につなぎ止める狙いがあったように思える。しかし、それはいかにも泥縄の対応策だったといわざるをえない。それまでずっと大垣城にこもり、長期持久の方針できたのに、ことここに及んでの陣替と野戦志向は、自陣営の士気と結束に不安があるだけに、リスクが大きすぎたといえよう。

【謎16】小早川秀秋はなぜ松尾山に陣取ったのか

迷走する秀秋

小早川秀秋が松尾山に陣取ったのは決戦前日の九月十四日である。これははじめから東軍としての行動だったのか。結論からいえば、小早川勢はこの時点では、東軍という意識があったものと思われる。ただし、それを家康らが明確に認識していたかどうかは別問題である。

秀秋の行動を追う前に、その人脈を確認しておく。まず秀秋は三成よりも家康に親近感を抱いていたことは明らかである。朝鮮出陣の際の不手際によって太閤秀吉《たいこうひでよし》が秀秋を筑前《ちくぜん》から越前《えちぜん》に転封《てんぽう》しようとしたとき、庇《かば》ってくれたのが家康だった。しかも、秀吉は旧領筑前に三成を入封させようとしたほどだが、三成は断り、代官として下向した（「石田三成関係史料」六五号）。

黒田如水《くろだじょすい》・長政《ながまさ》父子との親交も重要である。秀秋の老臣平岡頼勝《ひらおかよりかつ》は如水の妻の姪婿《めいむこ》であり、長政の重臣黒田次郎兵衛《じろうべえ》の姉婿でもあった（『新編 藩翰譜《はんかんぷ》』第五巻 平岡家譜）。また如水の老臣井上周防守《いのうえすおうのかみ》の弟、川村越前《かわむらえちぜん》が秀秋の家臣になっていた。秀秋側からの東軍への内通工作が多くは長政を通じて行われたのはゆえなしとしない。

関ヶ原決戦までの秀秋とその家中の動きを追ってみる。秀秋の老臣、稲葉正成《いなばまさなり》や平岡頼勝は早くから、家康側近の山岡道阿弥《やまおかどうあみ》や岡野江雪斎《おかのこうせつさい》に内応《ないおう》する旨を申し入れていた。また会津《あいづ》攻めで伏見《ふしみ》を出陣する家康に謁《えっ》して、逆心の者に備えるためという名目で、姫路《ひめじ》城の接収を願い出て許されている。姫路城は秀秋の兄木下延俊《きのしたのぶとし》が城代《じょうだい》となっていた。しかし、延俊は秀秋の要求を拒絶したので、秀秋の姫路入城は成らなかった（『新訂 寛政重修諸家譜《かんせいちょうしゅうしょかふ》』第十稲葉正成譜）。

その後、秀秋は伏見城代の鳥居元忠《とりいもとただ》に父木下家定《いえさだ》を人質として入城を申し入れたが、これも拒否された。秀秋は怒ったのか、一転して西軍に加担して伏見城を攻め立てた。では、これを機に西軍に乗り替えたかといえばそうではない。平岡頼勝と稲葉正成はこれに先立って、家康に人質を送っていた。頼勝は弟資重《すけしげ》、正成は養子政貞《まさただ》である。小早川勢は伏見城攻略ののち、宇喜多秀家《うきたひでいえ》・毛利秀元《ひでもと》を主力とする伊勢《いせ》方面軍に組み入れられて東海道を進んだが、鈴鹿《すずか》越えをして関地蔵《せきじぞう》まで達したところで、突如、引き返して、今度は日野《ひの》、愛知《えち》川から中山道を進み、近江国高宮《おうみのくにたかみや》に滞陣した。高宮は石田三成の居城佐和山から南東に一里程度しか離れていない（『新訂 寛政重修諸家譜』第十 小早川秀秋譜）。

秀秋が高宮に滞陣したのは九月七日から十三日までのようである。この期間、秀秋は「川狩《かわがり》」などをして遊んでいたという。従来、その意図についての考察はないが、おそらく伊勢方面に進出すれば、西軍に加担したことがますます既成事実化されるので、軍役サボタージュという苦しまぎれの挙に出たものであろう。もしかすると、大津城《おおつ》の京極高次《きょうごくたかつぐ》に呼応して、佐和山城を攻める態勢にあったかもしれない。いずれにしろ、西軍にとっては後方に攪乱《かくらん》要因を抱えることになった。

この間、秀秋は二度にわたり、家康に使者を送っている。その使者は九月三日に小田原《おだわら》、八日に遠江《とおとうみ》白須賀《しろすか》で家康の本陣に着いているが、家康はどちらも対面していない。とくに三日は不興を露《あら》わにして門前払いしている。ただ、八日のときは微妙に態度が違ったようだ。『慶長記』上には「御前へは出ず、よきごあいさつと申し候」とある。家康は美濃表での対陣を少しでも有利にしようとして、秀秋の懐柔に転じたと思われる。

あまり知られていないが、家康と秀秋の間を奔走した者がいた。家康側近の山岡道阿弥の配下になっていた西尾伊兵衛《いへえ》正義《まさよし》である。九月八日、遠江白須賀の家康本陣に出向いた秀秋の使者菅気清兵衛《すがきせいべえ》（平岡頼勝の家来）が帰るとき、西尾正義も同行したという（「東照宮御事蹟」九月十一日条）。

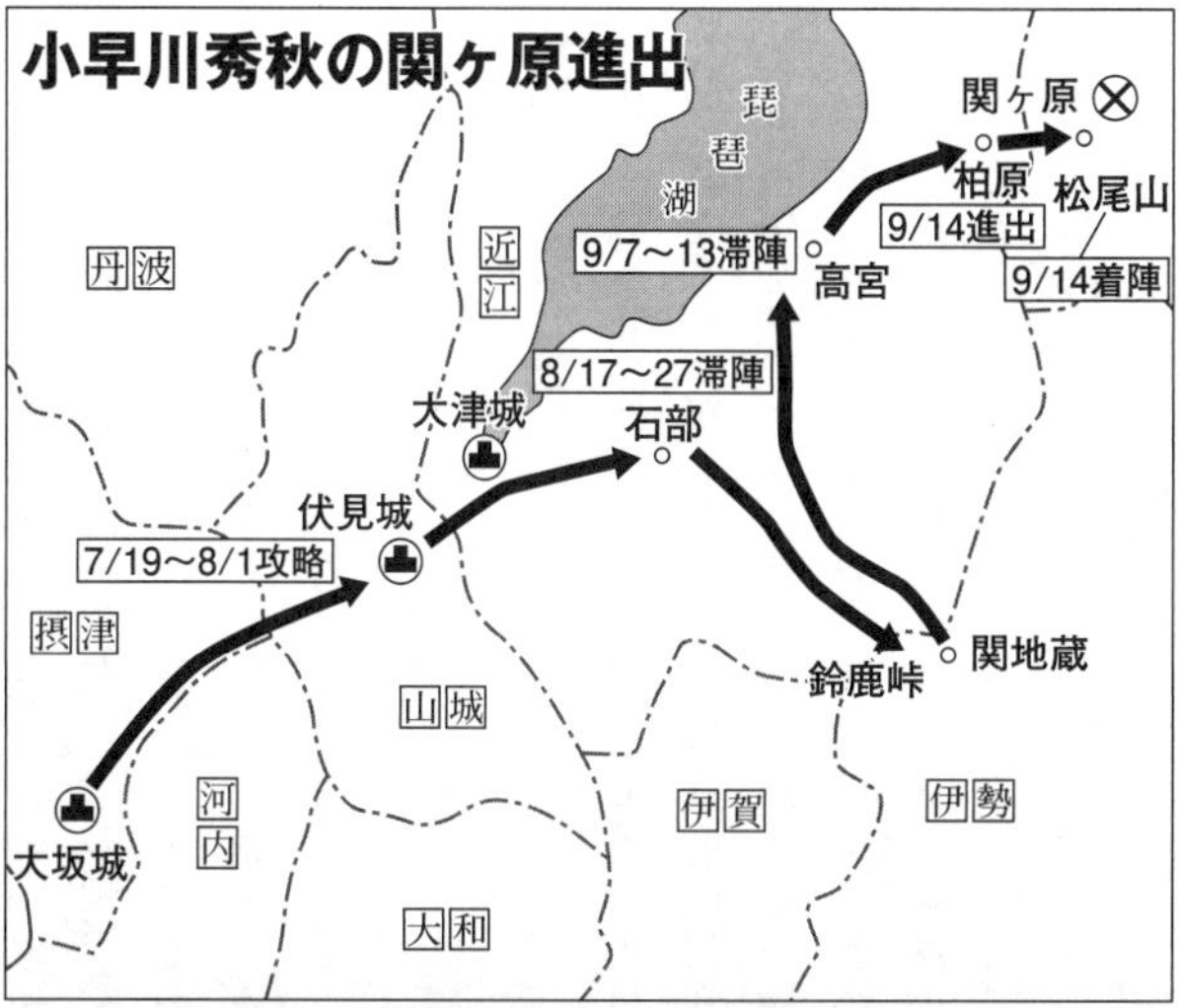

小早川秀秋木像（京都市下京区・瑞雲院蔵）

一説によれば、西尾正義はもっと以前の岐阜落城後、道阿弥の呼びかけに応《こた》えて、秀秋への使者を志願し、秀秋に贈る猩々緋《しょうじょうひ》の腰当《こしあて》を受け取った。これは道阿弥が以前に秀秋から贈られたもので、道阿弥の紛れもない使者であることを証明する物件だった。

西尾正義は秀秋の陣所である柏原《かしわばら》で秀秋と会見したという。とすれば、九月十三日のことであろうか。このとき、秀秋は正義に「お味方たるべきむね(旨)」を答えたという(『新訂 寛政重修諸家譜』第七 西尾正義譜)。

松尾山占拠の真意

小早川勢が動いたのは十四日だった。この日は偶然ながら家康の赤坂着陣と同日だが、秀秋がこれを知って動いたとするには時間的に無理がある。むしろ、家康に送った使者が帰還して好首尾を伝えたか、西尾正義への約束を履行しようとしたかのいずれかであろう。

この日、江濃《ごうのう》国境に近い柏原まで進出した小早川勢はさらに東進して、松尾山に駆け上った。松尾山は戦国期に城があって、長亭軒《ちょうていけん》城とも呼ばれていた(『関原軍記大成』二巻十五)。

「かの松尾山はその昔、不破《ふわ》河内守(光治)が城地にて、地勢便あるにより、秀秋の内通露《あら》はれて、敵寄るとも防ぎ戦はんために、かの山頭に登りて、陣を居《かま》えられしとかや」。

不破光治《みつはる》ははじめ斎藤氏の被官《ひかん》で、のち織田信長《おだのぶなが》に仕え、柴田勝家《しばたかついえ》の寄騎《よりき》となり「(越

松尾山の小早川秀秋陣所跡（岐阜県関ケ原町）

前）府中《ふちゅう》三人衆」の一人として知られる。松尾山は不破が斎藤道三《どうさん》に仕えていた時期の城だったと思われる。

その頃、松尾山に陣取っていたのは西軍に属する伊藤盛正《いとうもりまさ》である。当然、山を登ってくる小早川勢と小競《こぜ》り合いになった。

「松尾山の新城にいり、その城主伊藤長門守《ながとのかみ》某《なにがし》を追い払ふ」（『新訂 寛政重修諸家譜』第十稲葉正成譜）。

「松尾山の新城」とあえて記してあるのは、不破光治時代と異なり、新たに修築を加えたという意味であろう。松尾山に登ると、山頂から北の山腹にかけて、大がかりな陣城遺構が見られる。これはおそらく、一カ月近く山頂に布陣した伊藤勢か、近くの山中に陣した大谷吉継《おおたによしつぐ》による普請であろう。

盛正は大垣三万石の領主だったが、三成の説得によって居城を明け渡して、領内の今村《いまむら》に仮陣所を構えた。八月十六日、福束《ふくづか》城の丸毛兼利《まるもかねとし》を救援するが、東軍に敗退している。その後、身の置き所がなかったのか、この山に仮陣していた。小早川勢はその伊藤勢を追い払った。小大名の盛正としては、小早川勢の大軍に抗すべくもなかった。

盛正は消極的とはいえ、西軍に属している。それを無理やり追い払うのは明らかに利敵行為である。否、心はすでに東軍にあったというべきか。板坂卜斎の日記に「筑前中納言殿むほん《謀反》と風聞候」とあるのは、小早川勢が伊藤盛正を追い払ったことを指しているのかもしれない(「慶長記」上九月十四日条)。

三成が大坂の増田長盛に宛てた書状(九月十二日付)では「江濃の境目松尾の城、何れの御番所にも中国衆入れ置かるべし」云々とある。この「中国衆」は毛利勢のことで、小早川勢ではない。同勢なら「筑前衆」と記すはずである。三成たちは松尾山に毛利勢(輝元本人を含む)を入れようと考えていた。したがって、秀秋の松尾山布陣は明らかに三成をはじめとする西軍首脳には予想外の行動だったはずである。

小早川勢の松尾山占拠は大垣城にあった三成ら西軍首脳に衝撃を与えた。下手をすれば、大垣城は赤坂と松尾山の双方から挟撃《きょうげき》される恐れがある。三成らに大垣から関ヶ原への転進を決意させた最大の要因はこの危機感だったと思われる。三成らは西軍主力で松尾山の小早川勢を取り巻いて、東軍への寝返りを防ごうとしたのではないか。

三成たちは赤坂と大垣での長期対陣に入ってから、東軍に不破関《ふわのせき》を突破されないように松尾山に陣城《じんじろ》を築いて防御拠点にした。ところが、小早川勢による松尾山占拠は三成の関ヶ原防御態勢を覆《くつがえ》しかねない出来事だった。これにはまた、近くに布陣する大谷吉継も対処のしようがなかった。小早川勢は大軍のうえに、吉継が秀秋の利敵行為を厳しく追及すれば、西軍の後方でいくさになりかねない。

そのため、三成や吉継は秀秋の懐柔に出るしかなかった。吉継が秀秋を佐和山城に誘って暗殺を企てたという説も、その文脈でとらえられるであろう。その際、不安な三成たちが秀秋に宛てて、豊臣秀頼が十五歳になるまで関白《かんぱく》の地位を約束する連署《れんしょ》の起請文《きしょうもん》を送っている。これが一時的とはいえ、意外な効力を発揮したのかもしれない(『関ヶ原合戦史料集』九月十四日条)。

決戦が始まってから秀秋が逡巡《しゅんじゅん》していたのは西軍と東軍のどちらにつくか迷っていたからというのが従来の通説だった。だがむしろ、本来は東軍についていたはずなのに、関白職という恩賞をぶら下げられて、秀秋に一瞬の迷いが生じた。つまり、東軍から日和見《ひよりみ》にぶれたとみるべきではなかろうか。秀秋の一時的なぶれがほどなく旧態に戻ったとき、小早川勢は松尾山を下ったのである。

【謎17】島津勢は日和見で戦わなかったのか

二番備えだった島津勢

関ヶ原合戦における島津勢の戦いぶりは、世に「島津の退《の》き口」と呼ばれて名高い。しかし、それは西軍が総崩れになってからの行動であり、肝心の本戦では戦闘に参加しないで傍観していたという説が根強い。たとえば、二木謙一氏は、島津勢の態度を次のように記している(二木・一九八二)。

「敵が接近してきても、攻撃さえしかけてこなければ、発砲もしなかった。終始傍観の態度をとりつづけてきたのである」(一六五頁)。

「島津は、やむにやまれぬ事情から、西軍として関ヶ原に参陣したものの、戦闘不参加をきめ込んでいたらしい」(一六九頁)。

しかし、島津義弘(惟新《いしん》)の態度について「傍観」とか「戦闘不参加」という表現が適切なのかどうかには疑問がある。

関ヶ原合戦に関する島津側の史料でもっとも信頼性が高いのは『旧記雑録後編三《きゅうきざつろく》』に収録された文書群である。そのなかには「退き口」の末に国許《くにもと》まで帰りついた島津家臣の覚書や書上類が豊富に存在する。それらを手がかりにすると、非常に興味深い事実が浮かび上がってくる（以下、覚書・書上・家譜などは同書所収、傍点著者）。

①「黒木左近兵衛中分《くろきさこんびょうえもうしぶん》」

「雨天にて霧深候て、方々見得《みえ》かね候、此方《こなた》御備二備に御坐《ござ》候」。

②「神戸五兵衛《かんべごへえ》覚書 木脇休作《こわききゅうさく》働《はたらき》之《の》次第《しだい》」

「此方の御陣の前備前中納言殿（宇喜多秀家）、東は石田殿請取の陣場、此方は二番備にて候処《ところ》」。

③「義弘公御譜」

「石田三成、八十島助左衛門《やそじますけざえもん》を遣はし、豊久《とよひさ》の陣において曰《いわ》く、三成先陣を進み、敵軍に対し一戦に勝ちを較《くら》ぶべし、後陣の軍衆《いくさしゅう》速かに待ち前進して合戦を致さん」。

④「大重平六《おおしげへいろく》覚書」

「取り合ひの賦《つも》り、一番鑓《やり》石田殿、二番中書様（島津豊久）、三番備備前中納言殿、その続き惟新様（義弘）にてこれあり、その外大名衆の方々陣《じん》取りなされ、石田殿一時もこたへず候て、中書様陣場え崩れ掛かり候処、中書様ちと御こたへ成され候、惟新様は未《いま》だお鎧《よろい》も召されず、

島左近の墓（京都市上京区・立本寺教法院）

ここち如何《いかが》の様これあり」。

これらの史料によれば、島津勢は西軍の陣立《じんだて》のなかで「二備」「二番備」「後陣」に位置していたことになる。とくに②では前に宇喜多勢が布陣しているとし、④では、島津豊久《とよひさ》（義弘の甥《おい》、日向佐《ひゅうがさ》土原《どはら》二万八六〇〇石）が二番、同惟新が四番の備えだったという指摘は具体的で説得力がある。

では、東軍方の編纂《へんさん》史料ではどうだろうか。林道春《はやしどうしゅん》（羅山《らざん》）・春《しゅん》斎《さい》父子が著した「関原始末記」には次の記述がある。

「石田が家老島左近《しまさこん》先手なり、その左の山きは（際）、織田小洞信高并《なら》びに大阪（ママ）黄母衣《きほろ》衆段々にひかへたり、島津兵庫頭（義弘）・同又八郎（七）は石田が後ろに陣をとる」。

細川家の家記には「治部少輔が後備の嶋津が喰《くい》とめんと兼《かね》てご用心有りけるに」云々とあ

る（『綿考輯録』二 巻十六）。

黒田長政の伝記「長政記」にも興味深い記述がある。

「治部少輔は嶋津を先手とし、左近を二陣とし、我が旗本を三陣とし、小西・宇喜多を後援として戦ふべきよし、左近と評議しけれども、左近うけ《（肯）》こはず。みづから無二《むに》の戦《いくさ》をとげ《（遂）》られ候へと諫《いさ》めしかば、その旨にしたがひ、左近を先手とし嶋津をその横撃に頼みしとかや」（『新訂 黒田家譜』第一巻）。

少し長文なので解説する。三成は島津勢を先手にしようとしたが、島左近が承知せず、自ら無二のいくさを遂げるようにと諫言《かんげん》したので、三成もそれに従い、島津勢を「横撃」の備えとしたというわけである。ちなみに、横撃というのは敵の側面攻撃をする備えのことで、いわゆる脇備《わきぞなえ》に近いものだろう。

これら東西両軍の史料から、島津勢は先手備ではなく、二陣、後陣もしくは脇備という役割を期待されていたとみて、ほぼ間違いない。近世の合戦絵図や旧参謀本部作成の布陣図などでは、西軍は横一線に布陣しているように描かれているが、そうした見方は修正されなければならないだろう。

ここで、西軍の陣立全体を俯瞰《ふかん》してみる必要がある。そこに三成の作戦意図がどのように反映していたのか、そのなかで島津勢がどのような役割を与えられていたかも、ある程度判明すると思われるからである。

西軍の事実上の総大将だった三成が信頼し、かつ掌握《しょうあく》できたのは、大垣城在陣の諸将と大谷吉継だけだった。三成はこの軍勢による一糸乱れぬ陣立で東軍を圧迫することによって、松尾山の小早川秀秋と南宮山の毛利秀元・吉川広家（栗原山の長宗我部《ちょうそかべ》盛親《もりちか》・長束《なつか》正家《まさいえ》も含む）らの戦意を引き出そうと企図していたのではないか。

大垣城から着陣した西軍諸勢は北国脇往還《ほっこくわきおうかん》沿いから巽《たつみ》（南東）の方角に向かって布陣していた（「慶長記」上　九月十五日条）。島津勢を二の備えだとすると、陣形は鶴翼《かくよく》に近い。小西行長勢も島津勢同様、二の備えだった可能性もある。右翼先手には宇喜多秀家勢がいた。すなわち、西軍の左先手が石田勢、右先手が宇喜多勢という陣容になる。三成としては、豊家の命運を決するこの一戦で、やはり豊家の支柱である自分が戦端を開くべきだと考えたのではないか。このあたりの感覚は意外にも、徳川家康と近い。家康は先陣を福島正則に決めながらも、井伊《いい》直政《なおまさ》と松平《まつだいら》忠吉《ただよし》の抜け駆けを黙認したことがそれである。

島津傍観説、三成との不仲説は事実か

戦国時代の合戦全般にいえることだが、合戦の帰趨《きすう》は先手衆の戦い方いかんによって決まるといっても過言ではない。関ヶ原合戦でも当然のことながら、西軍先手の石田勢六〇〇〇

島津義弘陣跡（岐阜県関ケ原町）

と宇喜多勢一万数千の戦いぶりがそのカギを握っていた。そして、両勢は東軍の大軍を引き受けて一刻《いっこく》ほど奮戦した。しかし、小早川秀秋の裏切りにより、相前後して総崩れとなった。

　合戦のセオリーどおり、先手の両勢が敗退したので、関ヶ原合戦の勝敗は決したのである。二の備えだった島津勢（あるいは小西勢）に出る幕はなかったというのが実情だったのではないだろうか。たとえば、南宮山で日和見した吉川広家が合戦直後に書いた書状案には「嶋《（島）》津などゑ《（選）》り勢三千にて、随分一合戦は仕るべきの由候つれ共、中〳〵馬を入れらるも相成らず候て其身一騎のり《（乗）》ぬけ伊勢路のごとく退かれ候」とある（『吉川家文書之二』九一三号）。三千の兵は過大だが、島津勢が一合戦しようとしたものの、ついにその戦機をつかめず、敵中突破するしかなかったという見方は興味深い。

それなのになぜ、島津傍観説が生まれたのだろうか。もとより、二の備えが参戦するのは形勢次第であり、そのときまで予備軍として待機しているのは当然であろう。また島津義弘は三成の家来ではないから、参戦の潮時《しおどき》は自身で決断するのも当然である。義弘は合戦中、ただ傍観するだけではなかった。「義弘公御譜」には次のような記述がある（『旧記雑録後編三』二一七〇号）。

「すでに三成の先備志摩（島）左近・雑賀内膳《さいがないぜん》等、敵兵に対し羽箭《うせん》を飛ばし鉄炮《てっぽう》を発す、長寿院《ちょうじゅいん》・毛利覚右衛門《もうりかくえもん》をして軍務を労《ねぎら》はせ、且《か》つ戦場の行《てだて》を達するは再往の際、計らずも筑前中納言（小早川秀秋）忽《たちま》ち変心逆戈《ぎゃくか》す」。

義弘は開戦後、家来の長寿院盛淳《せいじゅん》と毛利元房《もとふさ》を三成の陣所に遣わして見舞い、「戦場の行」すなわち作戦について三成との間で「再往」しているのである。二の備えである義弘が参戦時機を見定めようとしていた様子がうかがわれる。

また先手の将、山田有栄《ありなが》の「山田晏斎《あんさい》覚書」には、僚将と思われる亀井茲矩《かめいこれのり》（因幡鹿野《いなばかの》三万八〇〇〇石）から鉄炮衆の加勢を求められたので、麾下《きか》の浜之市《はまのいち》衆や福山《ふくやま》衆から鉄炮衆を引き抜いて派遣したという。しかし、これらの鉄炮衆が亀井勢の備えに着く前に味方が崩れ出したとある（右同書）。亀井茲矩はこののち、東軍に寝返っている。

このようにみると、島津勢は決して戦わなかったわけではない。冒頭に挙げた「大重平六覚書」にあるように、石田勢は「一時」（約二時間）ももちこたえられなかったので、義弘が甲冑《かっちゅう》を着す間もなく西軍先手が崩れ出したというのが真相ではないのか。

島津傍観説の主な理由は、合戦中、三成の使者を追い返したことと、また三成自身の参戦要請さえも拒んだことであろう。この点については島津側の史料でも裏付けられるので、ほぼ事実であるようだが、そのいきさつは仔細《しさい》に検討するに値する。

豊久とともに島津勢の先手大将だった山田有栄の手記「山田晏斎覚書」によれば、三成の家来八十島助左衛門が駆け込んできた。

「八十嶋殿使に申し参り候、その時は此方備えの中より、馬上より口上《こうじょう》尾龍（籠）の事に候、討ち取り候へなどと口に悪口申候へば、則《すなわ》ちかけ戻り候」。

八十島助左衛門は朝鮮出兵のときにも、島津義弘への申次《もうしつぎ》をつとめていた人物である。その気安さがあったのか、助左衛門は島津方の陣所のなかに騎馬で駆け入り、しかも馬上から口上を述べた。「尾籠《おこ》」とは不届きという意味である。助左衛門としては火急の用だからやむをえないと思っていたかもしれないが、軍法違反には違いないから、島津方将士の感情を著しく逆撫《さかな》でした。

助左衛門が逃げ帰ったのち、今度は三成本人が単騎やってきた。「山田晏斎覚書」によれば、三成と対面した豊久と三成の間で次のような会話があった。

「今日の儀は面々切《めんめんぎり》に手柄次第に相働くべく候、御方もその通りお心得あるべき由直《ただ》ちに仰せられ候へば、近比《ちかごろ》よくござあるべしと仰せらる」云々。

「面々切」とはそれぞれ勝手にという意味である。おのおのが手柄次第に勝手に働くというのは、島津は誰の指図にも従わないと宣言したに等しい。豊久の言葉を聞いて、三成は「近比よくござあるべく」と答えた。「近比」には「大変」とか「非常に」という意味があるので、この場合、「非常によろしい」という意味だが、皮肉げであり、勝手にしろということだろう。

島津義弘の伝記には「三成この言をき《(聞)》ひて気力減じ、勇敢衰へて曰く、可ならんか、卿《けい》が言のごとくにせよ」とある（「惟新公関原御合戦記」）。いずれにせよ、三成が落胆したであろうことは想像に難くない。

三成は悄然《しょうぜん》として自分の陣所へ戻っていったが、「山田晏斎覚書」によれば、「手備に帰着され候はんと存じ候時節、はら〱と敗軍候事」とあり、三成が陣所へ帰り着く前に、石田勢が敗軍したと記しているのが注目される。

これ以前、三成が豊久と会見したとき、「義弘公御譜」や「惟新公関原御合戦記」によれば、三成が豊久に「道《てだて》の宜《よろ》しからざる事」を告げたとある。「道」とは「行」と同じでいく

竹矢来が復元された笹尾山の石田三成陣跡（岐阜県関ケ原町）

さや作戦のことだから、三成はこの時点で、すでに形勢が芳しくないと判断していたことになる。
　右同書では、豊久と三成の会見の前段に秀秋の裏切りを述べていることからも、どうやら、この会見は秀秋の裏切りが露見したのちに行われた公算が高い。三成は秀秋の裏切りが前線に波及する前に、最後の決戦に打って出ようと島津勢に合力《ごうりき》を依頼しにみずからやってきたのではないか。
　逆にいえば、義弘・豊久が三成に対して掌《てのひら》を返すような態度に出たのは、秀秋の裏切りを知ってからのことだと思われる。この点はきわめて重要ではないだろうか。というのは、島津方は伏見城攻め以来、いろいろ不備や不満を抱えながらも、三成の下知《げち》によく従っていた。それは島津方が三成を西軍の事実上の総大将と仰いでいたことの証左でもある。それが愛想づかしという結果になったのは、豊家家門である秀秋一人すらも統制できなかった三成の力量不足への不信のあらわれにほかならない。

義弘や豊久にすれば、「秀頼様御為《おんため》」（七月二十九日付、本田正親・伊勢貞成宛て義弘書状など）と念じて西軍に加わった（『旧記雑録後編三』一一四二号など）。それなのに、太閤秀吉の元養子で豊家一門に等しい小早川秀秋がまっ先に味方を裏切るような不様ないくさに、外様《とざま》のわれらがもはやこれ以上付き合う義理はなかろうというのが偽らざる本音だったのではないだろうか。

島津家にとって、三成は豊臣政権の取次《とりつぎ》として交渉や指導を担当し、また島津領に対する文禄検地《ぶんろくけんち》の惣奉行《そうぶぎょう》でもあった。島津家の内政も指南して、島津家が豊臣大名として立ち行くように、いろいろ面倒もみてきた（山本博文・一九九〇）。それだけに、義弘には三成への畏《い》敬《けい》の念があった。当初は家康に加担するつもりだったのに、やむをえず西軍に投じたのも、三成への信頼が根底にあったからだと思われる。

その信頼関係が、秀秋の裏切りをきっかけに、いっぺんに崩れ去ったのではないか。また家康を上回る歴戦の強者《つわもの》である義弘なら、秀秋の裏切りで、この一戦の大勢が決したと即座に理解したに違いない。だから三成の督促は時機を失した未練だと見切ったのではないか。

西軍の敗北が決定的になったとき、義弘は「薩州《さっしゅう》勢五千召し列《つら》ね候わば、今日の合戦には勝つものを」と二、三度つぶやいたという（右同書一三四〇号）。これは決して大言壮語ではない。義弘は朝鮮において、わずか数千の兵で一〇万ともいう明・朝鮮連合軍を撃破した戦歴をもっていた。しかし、一〇〇〇人程度の手勢では、この期《ご》に及んではいかんともしがたいという冷厳な現実も見据えていたはずである。

だから、島津方は三成に対して「面々切に手柄次第に働く」、おのおの自分のために戦うしかないと告げるほかなかったのである。こうしたいきさつを踏まえれば、島津勢の態度を傍観、日和見と決めつけるのは早計だといわねばならない。

島津傍観説が今日なお根強いのは、義弘と三成が不仲だった、確執があったからだと巷間《こうかん》信じられているせいかもしれない。では、不仲や確執の中身が具体的に何を指すかといえば、合渡《ごうど》川の合戦での三成の一方的な退陣（「新納忠元勲功記《にいろただもとくんこうき》」）と、本戦前夜の軍議で豊久の夜討ち策を島左近が斥《しりぞ》けたこと（「落穂集《おちぼしゅう》」）という二つの出来事であろう。

まず前者だが、岐阜城が落ちた八月二十三日、東軍の黒田長政・田中吉政《たなかよしまさ》・藤堂高虎らは長良《ながら》川の渡しである合渡《ごうど》を押し渡り、石田勢の舞兵庫《まいひょうご》・杉江勘兵衛《すぎえかんべえ》らを破り、大垣に迫ろうとした。揖斐《いび》川の呂久《ろく》の渡し（佐渡《さわたり》とも）に陣していた三成と行長は危機感を覚え、合渡の下流、墨俣《すのまた》の渡しを守っていた義弘を呼び寄せて軍議を開き、大垣城に退くことに決した。

墨俣は清洲と大垣を結ぶ美濃街道の要所だった。

このとき、義弘はわずかな供廻《ともまわり》だけしか従えておらず、麾下のほとんどは墨俣にいた。石田・小西両勢が退けば、島津勢だけが取り残されることになる。「大重平六覚書」によれば、退こうとする三成に義弘の家来二人が馬の口を取って再考を迫ったが、三成にすげなく拒絶される（『旧記雑録後編三』一一四八号）。

「新納《にいろ》弥太左衛門（忠増）殿・川上久右衛門（久智）殿、治部少輔（三成）殿馬の口を取り、兵庫頭（義弘）殿爰許《ここもと》へ相はまられ候、めれん（未練）罷《まか》り成るまじく候よし申され候へ共、馬を引き立て大垣の様《よう》に籠《こも》りなされ候」。

この覚書を、後世の史書「西藩野史《せいはんやし》」や「新納忠元勲功記」が採用したので、広く知られるようになった。すなわち、三成は自分だけ大垣城へ退いて島津を見捨てようとしたというわけである。

大重平六は義弘の小者《こもの》ながら、退き口で帰国した一員であるから、その証言は尊重しなければならないが、合渡川の合戦に関して言及しているほかの史料「義弘公御譜」「木脇休作働神戸五兵衛覚書」「神戸久五郎覚書」、さらに江戸期の編纂伝記「惟新公関原御合戦記」にも、そうした事実は記されていないことを付け加えておきたい。

また、このとき、三成も麾下の高野越中《たかのえっちゅう》や蒲生郷舎《がもうさといえ》を伊勢街道沿いの駒野《こまの》に出陣させて、高須《たかす》城の徳永寿昌《とくながながまさ》・市橋長勝《いちはしながかつ》ら東軍方に備えさせていた。このことはあまり知られていない。

つまり、三成も家来を前線に残しているという点では義弘と同じ立場にあったのである(「東照宮御事蹟」八月二十六日条)。

後者の夜討ちの一件については、『旧記雑録後編三』所収の諸史料には一切記述がない。調べた範囲で島津側の史料では、江戸後期に成立した「西藩野史」の記述が大きな影響を与えたと思う(ほぼ同様の逸話は「東照宮御実紀」巻四にもある)。

それによれば、義弘の命を受けた豊久が三成の陣所を訪ねて、「家康が赤坂に着陣したばかりだから夜討ちすべきである。ついてはわれらが先手をつとめよう」と述べたところ、三成の傍《かたわ》らにいた島左近が反論した。

「それ敵の不意を撃つは強弱・衆寡《しゅうか》相敵せざるの類に用ゆべし、今や我れ衆《おお》くして彼寡《すくな》し、況《いわん》や内府の雄略また恐るるに足らざるをや」。

左近は続けて、家康の武略を恐れない理由として、自身が山県昌景《やまがたまさかげ》の配下にあって家康と戦い、数回破ったことを得意げに語った。豊久は「家康の武略は年とともに円熟して本朝《ほんちょう》でその右に出る者はいない。家康を侮《あなど》ると敗死するのは疑いない」と言い捨て、憤然として席を蹴《け》ったというのである。

しかしながら、出典を明記することが多い同書がこの件についてはなぜか出典を明らかにしていないし、島左近が山県昌景に仕えたというのはにわかに信じられないから、筆者得能《とくのう》通昭《みちあき》（江戸詰の島津家臣）の創作の疑いが濃厚である。

それよりむしろ、三成が義弘にかなり気を遣っていた形跡がある。すでに右でみたように、墨俣の渡しを守っていた義弘主従が前線に取り残されて、急ぎ大垣城に引き返す途中であった。「神戸久五郎覚書」によれば、日没になろうとする頃、前方から一騎の武者が駆けてくるのが見えた。

「中途にて黒具足《ぐそく》、甲《かぶと》の立物《たてもの》には水牛の角立物《つのだてもの》仕り候武者、早道にて此方へかけむき申し候をご覧なされ候へば、石田治部殿ただ壱人《ひとり》、供衆・乗馬壱人も付け申さず候、治部殿仰せられ候は、佐渡において惟新様ご辛労《しんろう》遊ばされ候由相聞こえ申し候間、お見廻《みまい》のため参り候由仰せられ候」。

なんと、三成が供廻も率いず単騎で義弘主従を出迎えにやってきたというのである。墨俣からの退却で苦労していると聞いて、見舞いにきたと三成が告げたという。これは僚将への細かい気配りというべきで、冷徹で横柄という従来の三成像とは相当かけ離れている。なお、三成の軍装が具体的に描かれているのも興味深い。

また右同覚書によれば、島津勢が墨俣の渡しを守っていたとき、押川郷兵衛《おしかわごうべえ》（のち強兵衛）という強者《つわもの》が長良川の対岸まで物見《ものみ》に出かけて敵の首級《しゅきゅう》を奪ってきた。三成はそれを聞いて、「大柿（垣）の太刀《たち》始め」であると絶賛して、郷兵衛に大判一枚（十両）を与えた。それをみた島津の兵士たちは「浦山敷き《羨ましき》躰《てい》」で見ていたという。

こうした末端の兵士たちの間では、島津方と三成の間の険悪な空気は感じられず、むしろ三成への好意さえ看取される。また彼らの覚書や書上では、三成を「石田殿」「治部殿」と敬語で呼んでいることから、これらの史料が関ヶ原合戦後ほどない時期に成立したことをうかがわせる。

こうしてみると、三成と義弘が不仲、遺恨といわれる根拠は「大重平六覚書」にわずかな行き違いがあったことを除けば、同時代史料には一切見あたらない。江戸期以降、家康に敵対することになった関ヶ原合戦の不都合を糊塗《こと》する必要から、三成を悪者にすることで島津氏のボタンのかけ違いを合理化する島津史観が形成されたといえないだろうか。

【謎18】井伊直政はなぜ「抜け駆け」したのか

徳川軍の「先勢」として

東西両軍二〇万人近い大軍がひしめいた関ヶ原合戦で、両軍激突のきっかけを強引につくった人物は井伊直政だった。それも軍法破りすれすれの抜け駆け行為によってである。直政がいかに果敢な武将とはいえ、なぜ一見無謀な行動をとったのか、その背景には複雑な事情が潜んでいるように思われる。

井伊直政は上州《じょうしゅう》高崎《たかさき》一二万石を領し、徳川四天王《してんのう》の筆頭に名を連ねて、徳川家康の股肱《ここう》中の股肱として知られる。また一女が家康の四男、松平下野守《しもつけのかみ》忠吉に嫁いでいた。

会津攻めのため、野州《やしゅう》小山《おやま》に集結していた東軍方が一転して上方《かみがた》に兵を返すことに決したとき、「東照宮御実紀」巻四によれば、家康は「しかれば清洲、吉田《よしだ》両城は敵地に近きをもて、正則、輝政先陣あるべし」として、福島正則と池田輝政を先陣に命じている。この命令に従い、豊家恩顧《おんこ》の大名たちは西上を急ぎ、清洲城に集結した。

この反転に際して、家康は直政を軍監《ぐんかん》（軍目付《いくさめつけ》）にすることを福島はじめ諸将に通達している。いわく、「今度先勢として井伊兵部少輔《ひょうぶのしょう》差し遣わし候条、行等之儀《てだて》、我々出馬以前は何様《いかよう》にも彼《か》の指図次第に仰せ談ぜられ候」（『新訂 徳川家康文書の研究』中巻 八月四日条）。

「行等之儀」すなわち合戦のやり方などは、家康の代理人たる直政が指図するというのである。直政に対する家康の信任の厚さがうかがわれる。

もっとも、直政はこの直後、急病で伏せってしまった。そのため、家康は本多忠勝《ほんだただかつ》を代わりに軍監に指名した。直政もしばらくして本復して西上したので、結局、二人が家康の軍監という形になった。

福島正則と池田輝政の両先手、直政と忠勝の両軍監――この組み合わせが東軍の岐阜城攻めから赤坂進出まで一貫して生きていた。たとえば、岐阜城攻めのとき、福島正則が池田輝政より先に攻めかかることを強硬に主張したとき、直政・忠勝とも「御先手の事は誰が争ひ申すべき」として、正則の主張に同意している（『綿考輯録』二 巻十四）。

ところが、岐阜城攻めでは遠回りすることになった正則が輝政に先を越されたために激怒し、輝政を討ち果たしてくれると息巻く一騒動まであった。結局、輝政が大手《おおて》口の攻め口を正則に譲ることで決着したけれど、正則の自尊心の強さを、直政も十分承知していたはずである。

家康が赤坂に着陣したのは決戦前日の九月十四日である。この時点で、直政と忠勝は軍監の役目を終えたといってよい。二人とも、それぞれの備えの大将に戻ったのである。

いよいよ決戦当日、西軍主力が大垣城から関ヶ原に転進したのをみて、東軍も赤坂から関ヶ原に向かう。その行軍序列は『関原軍記大成』三などによれば、先手一番が福島正則・藤堂高虎ら、同二番が黒田長政・細川忠興《ほそかわただおき》ら、同三番が松平忠吉・井伊直政・本多忠勝ら徳川勢だった。

東軍先手衆の陣立については、右の行軍序列とは別の表現もある。たとえば、『新訂 黒田家譜』では左軍・右軍・中軍とし、『太田和泉守記《おおたいずみのかみき》』や「慶長記」では「御先陣」として福島正則・細川忠興・加藤嘉明《かとうよしあき》・黒田長政・井伊直政・本多忠勝・大野治長《おおのはるなが》を並列的に挙げるだけで、諸将間の序列化もしくは差別化はみられない。

ここで注目すべきは、岐阜城攻めで先陣の一人だった池田輝政が南宮山の毛利勢の押さえに置かれたことである。すなわち、小山からの反転以来、福島・池田の両将を排他的に両先手とするという了解事項がずっと守られてきたのに、ここに至って、その意味を失ったのではないか。つまり福島も先手衆のワンノブゼムにすぎなくなったということである。

しかし、仮にそうだったとしても、実際の布陣のありようはおのずと別ものである。行軍

ＪＲ彦根駅前に立つ井伊直政像（滋賀県彦根市）

序列の関係もあって、左翼の福島らは中山道沿いを占め、右翼の黒田・細川らは石田三成の陣する笹尾《ささお》山の前面に横並びに布陣した。そのため、先手中軍の松平忠吉・井伊直政らは前途を塞《ふさ》がれた形となり、直政自身は前線から引っ込んだ茨原《いばらはら》という場所に布陣せざるをえなかった。

直政の独断専行にみえる「抜け駆け」はまさにこの布陣位置への不満から生じたものではなかったか。その際のポイントは二つ。ひとつは家康の密命があったか否か。もうひとつはなぜ松平忠吉を同行したかということである。

前者から考えると、直政の独断専行だろう。直政は、家康が自分の考えに暗黙の支持を与えているという確信があったのではないか。後方の桃配《ももくばり》山にいる家康の許可など得ず、戦場での臨機応変、とっさの判断ではなかろうかと思う。

松平忠吉は家康の四男で、秀忠の同腹の弟である。武蔵忍《むさしおし》一〇万石の大名であり、この合戦には小笠原和泉《おがさわらいずみ》・富永丹後《とみながたんご》という家老クラスの陣大将がいたことが確認されるから、井伊勢と同じくらいの軍勢を擁していたと思われる。直政は家康から初陣《ういじん》の女婿《むすめむこ》忠吉の後見を命じられていた。

新井白石《あらいはくせき》は「徳川殿御代官として守《かみ》殿（薩摩守《さつまのかみ》忠吉）、海道《かいどう》の大将承らせ給《たま》ひ」と記して、忠吉を東海道筋を進んだ東軍の総大将に擬している（『新編 藩翰譜』第五巻 薩摩守殿譜）。そういえば、忠吉の次兄秀忠は中山道軍の総大将であり、長兄の結城秀康《ゆうきひでやす》は宇都宮《うつのみや》で上杉《うえすぎ》景勝《かげかつ》に備えている。家康の三人の息子が重要な三方面において総大将をつとめたと解釈するのは面白いのだが、最近の研究では、忠吉に限ってはそのような地位になかったとされる（笠谷和比古・一九九四）。

直政にとって、女婿の忠吉の存在は二重の意味で重要になった。忠吉に光栄ある初陣を飾らせることと、天下分け目の合戦を徳川軍によって火蓋《ひぶた》を切るという秘《ひそ》やかな目的とを同時に達成できる可能性が出ていたからである。

では、忠吉を擁した直政の「抜け駆け」は何をきっかけにどのようになされたのか。東軍の先手衆は山地の高台に待ち受ける西軍陣所に押しかけたものの、福島勢さえ宇喜多勢と銃撃戦を繰り返してお茶を濁すだけで、人数を繰り出してはいなかった可能性がある。

一説によれば、正則は先手の福島丹波《たんば》に命じて宇喜多陣へ弓・鉄炮を発した。これに宇喜多方も応戦したものの、「この時諸隊においても鼓《こ》・螺《ほら》の声盛んに起れり、然《しか》れども両軍未だ刀鎗《かたなやり》の接戦を為《な》す者あらず」という状況だった（神谷道一・一八九二）。

またこれを裏づけるように、細川家の家記には「少しづつのせり合は間々《まま》これある様子に候へども、塩《(潮)》合をはかって猥《みだ》りにかからず、敵方は家康公南宮山を後になし軍をすすめ給はば、前後より馳《は》せ懸り打ち取り奉《たてまつ》るべき為に備を堅めて戦を挑まずと也《なり》」とある（『綿考輯録』二 巻十六）。

西軍は家康の本陣が前進したところを、南宮山の僚軍とはさみ打ちにしようとしていた。そのなかで宇喜多方も福島勢を天満《てんま》山の麓《ふもと》まで引き付けて一気に叩《たた》こうとしているのが明らかだったから、正則とて、その術中にはまるわけにいかなかったのであろう。

直政はその膠着《こうちゃく》状況を好機とみたのではないか。みずからが動くことで本格開戦の触媒役になろうとしたのである。『関原軍記大成』三（巻二十四）によってこの間のいきさつをみてみると、茨原に陣していた直政は麾下の指揮を家老の木俣土佐《きまたとさ》に委《ゆだ》ねて、忠吉の陣所に赴き、その家老小笠原和泉と富永丹後を説いて忠吉の同行を同意させて前進した。その人数は両勢合わせて三〇〇人ほどだったという。

直政と忠吉主従の一行が福島方の陣所脇を通り抜けようとしたところ、正則麾下の可児才蔵《かにさいぞう》から誰何《すいか》され、「今日の先手は福島左衛門大夫《さえもんのたいふ》なり。誰も通すわけにはいかぬ」と告げられた。才蔵は美濃出身で歴戦の猛者《もさ》として知られていた。直政は平然と「内府子息、松平下野守が初陣ゆえ、敵の形勢を見るために物見するだけであり、功を争ったり抜け駆けしたりするためではない」と釈明した。才蔵はなおも疑い、「されば、人数を残し手勢のみ召し連れられよ」と要求したので、直政もしかたなく受け容《い》れ、四、五〇騎ばかりで駆け出した。

かくして、わずかな人数で最前線に躍り出た直政・忠吉主従だが、その矛先がどこに向けられたかについて、諸書の多くが島津義弘の陣所に攻めかかったとしている。しかし、これは明らかに無理があろう。島津方の陣所は遠すぎるうえに少し引っ込んだ位置にあるし、進軍方向としても不自然すぎる。そこに達するには、今度は東軍右翼の諸勢との諍《いさか》いが起きた可能性さえある。

この点について、幕府史家の林道春・春斎が編した「関原始末記」下は「浮田島津が勢と相戦ひ」と慎重に記述している。新井白石も炯眼《けいがん》で、宇喜多勢と戦ったはずだと主張し、合戦の最終局面で有名な島津方の退き口を遮って戦ったことと時間的に混同しているのではないかと注記している（『新編 藩翰譜』第五巻 薩摩守殿譜）。従うべきであろう。

戦勝後、直政は家康や諸将の面前で、「今日の合戦を先鋒《せんぽう》の士に先立って始めたことを、それぞれ遺恨に思っているであろう。しかし、時に臨み、やむをえない所もあり、あえて武功を望んだわけではない。その無礼をとがめないでほしい」と釈明したので、家康も「汝《なんじ》が戦功は今日だけではない」誉めたたえたという。徳川のいくさにしたいと念じた直政の独断専行は、家康の内意にかなっていたのである（『新訂 寛政重修諸家譜』第十二 井伊直政譜）。

しかし、このとき、福島正則が異を唱えて、直政の抜け駆けをなじったという話は残っていない。不思議なことではある。正則はこのあと、家康の旗本伊奈昭綱《いなあきつな》に詰め腹を切らす事件を起こしているくらいだから、たとえ家康の面前でも、言いたいことを遠慮するような男ではない。それをしなかったのは、やはり正則が絶対唯一の先手だったのではなく、先手衆の一人にすぎなかったことと、宇喜多勢との本格開戦の機をつかめずにいたことを直政に見透かされたという「恥」の意識がそうさせたのかもしれない。

【謎19】宇喜多勢は本当に精鋭だったのか

宇喜多家中の内紛

宇喜多秀家は秀吉の猶子《ゆうし》となった関係から、豊臣「公儀《こうぎ》」に奉公する気持ちがことのほか強かった。また正室南《せいしつみなみ》の方（前田利家《まえだとしいえ》の四女豪姫《ごうひめ》）も秀吉の養女となって上方にあった。

秀家に代わって国政を預かったのは、老臣の長船綱直《おさふねつななお》である。綱直は文禄三年（一五九四）の伏見城普請で普請奉行をつとめたとき、秀吉に認められて、宇喜多家の国老《こくろう》となった。

秀家―綱直の統治は中央政権への奉公を一義とし、たとえば、太閤検地の忠実な実施、朝鮮出兵の軍役《ぐんやく》や伏見築城などの諸課役を積極的に負担したために、領国の給人《きゅうにん》（軍役負担者）や農民の負担はかなり過重になったといわれる。また南の方の豪奢《ごうしゃ》な生活に対しても、領内の不満は大きかったようである。また国政を担当した綱直は中村次郎兵衛《なかむらじろべえ》（南の方付きの前田家旧臣）や浮田太郎右衛門《うきたたろうえもん》を重用した。

門閥《もんばつ》的な一門《いちもん》・重臣層と新興の出頭人《しゅっとうにん》勢力（長船派）の対立は、中村らがキリシタンであったことから、宗教対立も孕《はら》んだ重層的なものだったとされるが、その通説は近年否定され、豊臣政権を背景に領内惣国検地を推進する長船・中村らと在地の国人一揆的構造を温存したい一門・門閥層との対立だと評されている（大西泰正・二〇一〇）。

文禄四年（一五九五）、花房職秀《はなぶさもとひで》が国老綱直の更迭《こうてつ》を主君秀家に直訴《じきそ》したが、逆に秀家の不興を買って致仕《ちし》のやむなきにいたった。これで、門閥派の不満が一層高まった。秀吉が没すると、家中の不穏はますます激しくなった。慶長《けいちょう》四年（一五九九）、国老の綱直が他界したが、これには戸川達安《とがわみちやす》らによる毒殺さえ囁《ささや》かれた。

同年秋、戸川達安・岡家利《おかいえとし》・宇喜多詮家《あきいえ》・花房正成《まさなり》・楢村監物《ならむらけんもつ》・中吉与兵衛《なかぎりよへえ》・角南隼人《すなみはやと》といった一門・重臣がそろって大坂に上り、秀家に寵臣《ちょうしん》中村次郎兵衛の引き渡しを要求した。秀家はこれを拒絶して次郎兵衛を郷里の加賀《かが》に落ち延びさせると同時に、戸川らに討手《うって》を差し向けた。そのため、戸川ら二五〇余人は玉造《たまつくり》の宇喜多屋敷に立てこもるという一大事件に発展した。翌五年正月、徳川家康の調停により、ようやくこの騒動は一段落した。

その結果、戸川父子・花房・中吉は家康がいったん預かり、のちに戸川は常陸《ひたち》に蟄居《ちっきょ》、花房と中吉は増田長盛預かりで大和郡山《やまとこおりやま》に蟄居となった。宇喜多詮家・岡・楢村・角南らは国許に帰参が許された。そして国老には中立を守った客分の明石掃部守重《あかしかもんもりしげ》（熊野保木《くまのほぎ》三万三一一〇石）が任命された（「備前軍記」）。

一応、家中の平穏は戻ったものの、関ヶ原合戦を前にして再燃することになった。会津出陣が決まると、秀家は宇喜多詮家・戸川達安らを先手衆として派遣した。六月十九日のことである（右同書）。ところが、その後、秀家は三成らと語らい、西軍として挙兵に及んだ。それを知った宇喜多詮家や戸川達安らは憤然として家康に投じた。また、出陣を許されずに国許に留め置かれた楢村監物や角南隼人らは処遇への不満を理由に出奔した。再び家中の分裂が明らかになったのである。

宇喜多軍団の構成

関ヶ原合戦に参陣した宇喜多勢の兵数はどれくらいだったのであろうか。諸書によって、いろいろな説がある。たとえば、

「一万八千人」（真田昌幸《まさゆき》宛て石田三成書状、『真田家文書』上巻 五六号）
「浮田が勢一万二千」（「関原御合戦当日記」）
「騎馬千五百、雑兵一万五千」（「備前軍記」）
「二万余人を五段に立てて」（『関原軍記大成』三 巻之二十四）

一万二〇〇〇人から二万人と幅があるが、中間をとって、「備前軍記」の数値が比較的妥当であろうか。

関ヶ原に結集した西軍の最大軍団である宇喜多勢だが、その量はともかくとして、質的な面では疑問視されている。たとえば、寺尾克成氏は次のように指摘する（寺尾・二〇〇〇）。

「宇喜多勢の前面に展開する福島勢は約六千、宇喜多勢の約三割程度の軍勢である。宇喜多勢は正面の敵に三倍する兵力を有しながらこれを破ることができず、逆に五分の戦いを強いられたこと自体、宇喜多勢の戦闘力の低下が疑問視されるのである」。

重要な指摘であろう。なぜ、宇喜多勢は見かけと違って弱体化していたのだろうか。それはすでに述べてきたように、家中の内訌《ないこう》による重臣層の離反・出奔が最大の理由であることは言をまたない。

家康方についた宇喜多詮家・戸川達安・花房職秀、蟄居したままの岡家利・花房正成らはほとんどが万石以上の知行高《ちぎょうだか》をもつ大身《たいしん》であり、宇喜多軍団のなかでは、先手備えを受け持つ陣大将だった。

「浮田家分限帳《うきたけぶんげんちょう》」をもとに、宇喜多軍団の先手備がどのような変容を遂げたのか、次頁の表をみてみよう。

宇喜多軍団先手備えの陣容と離脱者の割合

旗頭	組頭 （含旗奉行）	与力・足軽	総禄高	離脱者 （禄高合計／割合）
×戸川達安 25,600石	×新免宗貫 （3,600石） 岡市之允 （3,160石） ×納所弥右衛門 （1,500石）	与力87人 （14,828石余） 鉄炮衆40人 （800石）	49,488石	14人（36,570石／73.9%）
×岡　家利 23,330石	×明石宣行 （4,500石） 湯浅九郎兵衛 （810石） ×生石惣右衛門 （2,500石）	与力129人 （13,982石）	45,122石	6人（34,280石／76.0%）
長船定行 24,084石	×長田右衛門允 （3,000石） ×浮田平吉 （6,000石）	与力91人 （11,015石）	44,099石	4人（11,010石／25.0%）
明石守重 33,110石		与力不明 （1,800石） 足軽40人 （800石）	35,710石	0人
×宇喜多詮家 14,079石余	×浮田織部 （500石）	与力25人 （2,250石） 鉄炮衆40人 （800石）	17,629石	3人（14,709石／83.4%）
×花房正成 14,860石	梶原平次 （850石） 湯原与一 （200石）	与力15人 （890石）	16,800石	3人（15,080石／89.8%）
6人（4人）	11人（7人）	与力347人 （18人） 鉄炮衆・足軽 120人	208,848石	30人（111,649石／53.5%）

×：旗頭・組頭の離脱者。『浮田家分限帳』（『続群書類従』第25輯上所収）より作成。
数値は同書と異なる部分もある。

六人の陣大将（旗頭《はたがしら》）のうち、じつに戸川達安・岡家利・宇喜多詮家・花房正成の四人が離反するか蟄居して脱落している。健在なのは長船定行《さだゆき》と明石守重の二組だけである。それだけではない。宇喜多軍団の備えは「組」と呼ばれていたが、陣大将を補佐する組頭《くみがしら》クラスからも多くの離反者を生んだ。六組の組頭一一人のうち、じつに七人が脱落している。それぞれの組には、与力《よりき》や足軽《あしがる》（鉄炮衆）などが付属して、ひとつの備えを構成するが、この与力クラスでも脱落があった。

これらを合計すると、六組の先手備えの総知行高二〇万八八二八石のうち、一一万一六四九石分が脱落したことになる。これは五三・五パーセントと、過半を占めていた。つまり、宇喜多軍団の主要な打撃力である先手備えは多くの陣大将や組頭が脱落し、兵数の過半を喪失していたといっても過言ではない。

玉造の宇喜多屋敷での騒動からわずか半年ほどで、この欠員を補充し、軍団の再編成ができたとはとても思えない。この点について、興味深い史料がある。宇喜多勢の先手衆として会津陣に従軍しながら、東軍についた戸川達安と、宇喜多軍団の中核というべき明石守重が敵味方に分かれながらも、書簡を交わしているのである。

往復書簡の日付は八月十八日と十九日なので、達安が清洲、守重が伊勢安濃津《あのつ》にいたときと思われる。守重は家中騒動のとき、キリシタンながら中立を保ったので、離反した重臣層の受けもよかったようである。

まず先に出した達安の書状をみると、「今度は不慮の御たてはかり（立て別れ）是非《ぜひ》なき次第」と敵味方に分かれたことを残念がりながら、「守重が一人で伊勢にいるのに、秀家はどこに在陣しているのか」とか、宇喜多勢の動きに探りを入れている。とくに注目すべきは次の一節であろう（『岡山県古文書集』第三輯）。

さて〳〵秀家ご身上の儀、この時滅亡と存じ事に候、貴殿いかが思《おぼ》し召し候哉《や》、侍従殿（秀高）の御事、幸ひ内府様むこ（婿）にさせられ候御事に候間、お家あひ続く候様には、貴殿ご分別にて如何《いか》やうとも罷り成るべき事に候、

秀家の嫡男秀高を家康の婿にしようというのである。これはもちろん、家康の内意から出たものであり、家康が達安を介して、姻戚《いんせき》関係を築くことで秀家を調略しようとしていたことがうかがわれる。達安はこの一件をあえて守重に伝えることで、守重の奔走を期待したものと思われる。

一方、守重の返信はさっそく翌日に出されたが、達安がもたらしてくれた情報に対して、秀家が草津《くさつ》に在陣していることを告げるなど、相応の返答をしている。そして「此度《こたび》善悪にお目に懸るべしと存じ候事」として、良くも悪くも戦場で見《まみ》えようと応じている。もっとも、達安が申し出た秀高を家康の女婿にする話については確答していない。応じる気はなかった

のだろう。宇喜多軍団の編成との関連で注目すべきは次の一節である（右同書）。

秀家ご家中の儀、仰せ越され候、誠に覚期（悟）なき故、外実《がいじつ》悪《あ》しく罷り成り候、然《しか》れども、お聞き及びもこれあるべく候、上方において人の存じたる衆余多《あまた》相抱へ候、存外《ぞんがい》丈夫にこれある事に候間、その段においてはお心安かるべく候、

家中騒動により「外実」（外聞）が悪くなったけれども、上方で名前の知られた牢人《ろうにん》衆を多数召し抱えた。宇喜多勢は「存外丈夫」になったので、ご安心下さいと答えている。やはり、宇喜多方では欠員を牢人衆の召し抱えという形で補充していたことが判明する。

だが、守重が豪語した割に、関ヶ原決戦で宇喜多勢がその力を十分に発揮したとはやはり思えない。福島勢と一進一退の戦いがつづいた。そうしている間に、小早川秀秋の裏切りにより、宇喜多勢右翼の大谷吉継の陣が総崩れとなり、左翼の小西行長も戸川達安や宇喜多詮家に破られた。戸川・宇喜多の両勢は大胆にも秀家の旗本にも攻め寄せたので、「西山久内・浅井与九郎・内餌小四郎等、屈強の者百余人、その他雑兵合せて二千余人が討死せり」という（神谷道一・一八九二）。それでも、秀家の旗本は動揺せず泰然としていたというが、左右両翼の僚軍が総崩れとなったうえは、それ以上支え切れるものではなかった。

三分の一の福島勢と互角に戦ったところに、宇喜多勢が家中騒動の後遺症を引きずっており、対症療法だけでは軍団の根本的な立て直しができなかったことを示している。

【謎20】「島津の退き口」はどのように行われたのか

死中に活を求めた前進退却戦の実態

九月十五日、深い霧の晴れ間がみえた巳《み》の刻（午前一〇時頃）に始まった合戦は、早くも未《ひつじ》の刻（午後二時頃）には勝敗の行方が決した。東西両軍あわせて二〇万近い大軍が集結して天下分け目の合戦と称した割にはあっけない幕切れだった。

石田三成・宇喜多秀家・小西行長らの西軍諸勢が総崩れとなるなか、ひとり備えを崩さずに孤高を守っていたのが、島津義弘（惟新）とその麾下だった。

義弘、当年六十六歳。東軍の総大将徳川家康よりも七歳年長で、関ヶ原に蝟集《いしゅう》した二〇万人近い将兵のなかでも、たぶん最長老だったのではあるまいか。義弘のそばには家老の長寿院盛淳がいた。小早川秀秋の寝返りを知っても、義弘はいささかも動じる気配はなかったが、二、三度悔しげにつぶやいたという。

「薩州勢五千召し列ね候はば、今日の合戦には勝つものをと、両三度に及び、御意《ぎょい》を遊ばされ候」(『旧記雑録後編三』一三四〇号)。

しかし、義弘の手許《てもと》には五〇〇〇人どころか、わずか一五〇〇人ほどの軍勢しかいなかった。かつて朝鮮の陣(泗川《サチヨン》の戦い)で一〇倍する明《みん》・朝鮮連合軍を撃破した義弘の武勇は天下に鳴り響いていたから、このつぶやきも決して大げさでも負け惜しみでもなかった。

大勢が決したのを見定めた義弘は自らの進退を素早く決した。「神戸五兵衛覚書」によれば、義弘は石田勢を突き崩した東軍の「その猛勢の真中《まなか》へ」打ちかかり、「大敵を討ち捕へ真中を切り明け、東のごとく(方向)に切り通」そうとした。そののち、どうするのかと家来に尋ねられると、義弘は「大柹(垣)へお籠《こ》もりなさるべきとの御意」を示した。しかし、南宮山麓《さんろく》に達したとき、大垣方面を眺めたら、すでに火の手が上がっていたので、大垣入城は諦めて伊勢路に向かうことになった(右同書一三三〇号)。

前進退却に決すると、軍令が発せられた。

「早く鉄炮を放つなかれ。また剛躁にして外すなかれ。師験《いくさじるし》である腰の間に挟む削掛《けずりかけ》、または刀の鞘《さや》の蛭巻《ひるまき》をともに解《ほど》いて捨てよ」(「惟新公関原御合戦記」)。

削掛や蛭巻は同士討ちを避けるための目印だった。これらを捨てよというのは、敵勢のなかに目立たぬように紛れ込むことを意味した。

島津勢の先手備えは島津豊久（義弘の甥）で、同じく先手右備えは山田有栄（「山田晏斎覚書」の主）で、義弘の本陣はその後方にあった。前方から勢いに乗る東軍の大軍が押し寄せてきた。島津の退き口に参加して生き残った「黒木左近兵衛申分」によって再現してみると、

「敵が膝《ひざ》に懸け上がるほど寄せつけてから放つべし」。

と赤崎丹後が豊久に進言した。敵を十分引きつけてから一斉に斉射を加えるというのは、朝鮮陣における泗川の戦いがそうであったように、島津のお家芸ともいえる戦法だった。

敵勢が眼前に迫った。鉄炮が一斉に放たれた。しかし、敵の数が多すぎた。西軍の総崩れをみて、東軍は大将から雑兵までみな、追い討ちをかけて、あわよくば功名を挙げようと猛り立っていた。屍《しかばね》を乗り越えて次々と押し寄せてくる。

結局、鉄炮は一放ちしかできずに、「敵味方入り乱れるにつき、鉄炮用には立たず候」というありさまになった。それでも島津方の兵たちは鉄炮を腰に差したり、細引《ほそびき》で背中に背負ったりして突撃態勢に移った（『旧記雑録後編三』一三二九号）。

初動の誤算は意外と大きかった。「東兵、義弘の旗本と先鋒の軍とを交へ隔つ」というくらい、先手と本陣が切り離されてしまった（「惟新公関原御合戦記」）。

幸運だったのは、東軍の多くが功名に走って笹尾山の石田三成と、天満山の宇喜多秀家の

徳川家康最後の陣跡（岐阜県関ケ原町）

陣所めがけて殺到したことである。「山田晏斎覚書」にも「敵勢は破軍の味方を追い掛かり指し通り候」とある。そのために、島津勢の周辺に一時的ながら、真空状態が生まれたのである。

その間に島津勢は態勢を立て直した。山田有栄は後方に孤立して立っている義弘の「一本杉」の馬標《うまじるし》を見つけると、手勢を率いて駆けつけ、わずか数人に守られていた義弘を包み込みながら警固して進んだ。その決死の行軍の前に、東軍の分厚い壁が破られるか、気圧《けお》されて道を空けるかする。猛将の誉《ほま》れ高い福島正則さえも、死兵を相手にすると火傷《やけど》すると察して傍観し、島津勢を見送った。

島津勢は福島勢の手前で向きを左（東）に変えて、本道の北国脇往還に出ると、「エイトウ、エイトウ」とかけ声をあげて走り去った（「惟新公関原御合戦記」)。

　次にぶつかったのは、ほかならぬ家康の本陣だった。家康はいくさたけなわの頃、最初の本陣である桃配《ももくばり》山から本多忠勝の陣所に陣替していたが、勝ちを確信すると、中山道を不破関方面に前進して、関ヶ原盆地の中央に進出しようとしていた。島津勢と家康本陣との遭遇を「山田晏斎覚書」は次のように記す。

「然るところに、内府様お備え、此方《こなた》お通りなされ候道筋にうち向ひなされ、お出《いで》候条、一大事に見え申し候へども、沢山海道《（佐和山街道）》のやう《（様）》お通り候て別条なき次第」（『旧記雑録後編三』一三一五号）。

　つまり、北国脇往還を北から南下する島津勢と、中山道を東から西の不破関方面に向かう家康本陣とが九〇度の角度で交錯したのである。島津勢は「一大事」にも臆《おく》せず、勢いに任せて、疾風《しっぷう》の如《ごと》く、家康本陣の前か後ろをすり抜けた。

　そばをすり抜けた正体不明の一団がようやく敵だと気づいて追尾したのが、井伊直政と松平忠吉、本多忠勝だった。その数およそ七〇〇人。騎馬主体の精鋭である。時間の前後は不明だが、追撃される者とする者との間で断続的に激戦が展開された。

「帖佐《ちょうさ》彦左衛門《ひこざえもん》宗辰《むねとき》覚書《おぼえがき》」によれば、それと前後して、退き口に打って出ようとする義弘がわずか「五、六拾程《じゅうほど》」のところに、井伊直政の軍勢が前に立ちはだかった。直政は「黒馬に大総《おおぶさ》掛けさせ、白糸威《しらいとおどし》の鎧に小銀杏《こいちょう》の盾物《たても》指したる甲を着」していたという。直政は義弘のすぐ近くまで来て「何をぐずぐずしている。兵庫（義弘）を打て」と大音声《だいおんじょう》をあげた。

そのとき、義弘の馬廻《うままわり》の川上忠兄《ただよし》の被官、柏木源藤《かしわぎげんとう》が進み出て鉄炮を放つと、「大将の胸板上巻かけて打ちすかせば、馬より下にふと落つ」。落馬したのが直政本人だった。大将が負傷したので、井伊勢は大きく動揺した。徳川勢の損害は直政だけではなかった。本多忠勝も愛馬「三国黒《みくにぐろ》」を撃たれ、松平忠吉も島津勢のために手に負傷している。

島津勢は「徒鉄炮《かち》」と呼ばれるくらい、足軽ではなく武者が鉄炮を放つ。緒戦《しょせん》での斉射から鉄炮を捨てずに温存していたことが、窮地に陥ったとき、大いに役立ったといえよう。

島津勢は北国脇往還が中山道と交差するところから、さらに南下して伊勢街道に入った。しばらく行くと、下り坂になっている烏頭坂《うとうざか》がある。ここで敵を防げば、その間に一気に追撃を振り切れる。しんがりを買って出たのは副将格の豊久だった。豊久の父は戦国島津氏の九州制覇に活躍した島津四兄弟の末弟、中務大輔《なかつかさのたいふ》家久《いえひさ》である。豊久の従者はわずか一三人だった。群がる敵に立ち向かい、ついに主従もども玉砕したとされる。豊久、享年《きょうねん》三十一歳だった。なお、豊久の戦死地については異説もあり、烏頭坂ではなく、手前の関ヶ原盆地で討死した可能性が高いと考えている（拙著・二〇一〇）。

本陣を守り、義弘の身代わりとなったのは家老の長寿院盛淳だった。盛淳は義弘の陣羽織

島津豊久の供養墓（右）と長寿院盛淳の墓（左）。
ともに退き口で戦死した（岐阜県大垣市）

を身につけていた。これは義弘がかつて豊太閤から拝領したもので、白く大きい鳳凰《ほうおう》の縫い取りがあった。「伊地知増也覚書」によれば、盛淳の最期は次のように壮絶だった。

「家臣長寿院大音声を上げて、嶋津兵庫頭義弘、運尽き腹を切る、日本の諸侍、我が手にかけしなと、後に広言あるべからずと云《い》ふままに、腹十文字に掻《か》き切りて、北枕にぞ臥《たお》れける」（右同書一三二八号）。

盛淳は義弘の身代わりとなり、「惟新は自《じ》刃《じん》したのだから討ち取ったと広言するな」と叫び腹切って果てたのである。「北枕」は敵方に向いて斃《たお》れたことを意味する。

島津方の度重なる捨て身の抗戦に手を焼いて、徳川勢が追撃を諦めたのは、関ヶ原から伊勢街道を一里近く下った牧田《まきた》のあたりだったと思われる。

「島津の退き口」ルートの検証

島津勢はひたすら伊勢街道を南下しようとしたが、事はそう簡単ではなかった。南宮山や栗原山に布陣して退却に移っていた長宗我部盛親や長束正家の軍勢に前途を塞がれたのである。

義弘は両勢の去就を疑って、家来の伊勢平左衛門《いせへいざえもん》を遣わしてその真意を確かめた。両勢とも退却に精一杯で敵対どころではなかった。なかでも、正家は島津勢が地理不案内であろうと、親切にも嚮導《きょうどう》一騎を付けてくれた。正家は近江水口《みなくち》城主だったから、家中の者は島津家中よりはるかにこのあたりの地理に詳しかった（「惟新公関原御合戦記」）。

義弘主従が養老《ようろう》山地の東麓の駒野坂《こまのざか》（岐阜県海津《かいづ》市南濃《なんのう》町駒野）に達したのは六《む》つ下（午後七時頃）だった。ここで義弘は進路を急遽《きゅうきょ》変更して、なぜか養老山地の駒野峠越えを選んだ。すでに東軍の追撃を振り切っているから、今さら進路を秘匿《ひとく》する必要もない。比較的平《へい》坦《たん》な伊勢街道を南下するほうがずっと楽なはずであるのに。

その理由を推定すると、駒野の先には高須城があることと無関係ではないだろう。この城は東軍方の徳永寿昌が在番していた。義弘はこの城兵に前途を塞がれることを恐れたのではないだろうか。また伊勢街道をさらに南下すると、伊勢長島がある。長島城主はこれまた東軍方の福島正頼《まさより》（正則の弟）だった。いずれにせよ、東軍が待ち構える網の中に好き好んで飛び込むのは愚の骨頂《こっちょう》という判断だったと思われる。

ところで、筆者は一五年以上前、「島津の退き口」といわれるルートを踏破した経験がある。義弘の菩提寺《ぼだいじ》、妙円寺《みょうえんじ》（現・徳重《とくしげ》神社）のある鹿児島県日置《ひおき》市伊集院《いじゅういん》町では、「知新会」（関ヶ原戦跡踏破実行委員会）という団体が一九六〇年（昭和三十五年）からじつに五〇年間にわたり、中高生を中心に毎年、踏破隊を組織している。関ヶ原の島津義弘の陣所跡をスタートして大阪城まで一部歩行困難なところを除き、一二〇キロを三泊四日かけて歩くのである。筆者も取材を兼ねて同行した。

そのときの経験でいわせてもらえば、養老山地の駒野峠越えは、標高はそれほどではないものの、息も絶え絶えになるほどだった。蝮《まむし》よけの脛当《すねあて》を着けての踏破は、義弘主従に倣《なら》ったわけではないだろうが、休憩なしで二時間近く登りっぱなしだった。途中には鉄砲水の通路かと思わせる瓦礫《がれき》の道や狭い尾根道、崖道もあるという難所ばかりだった。

九月十五日、義弘主従が駒野峠に登りついたのは、「大重平六覚書」によれば、「夜入四ツ時分」（午後一〇時頃）だったという。

さすがの義弘も高齢のため疲労困憊《こんぱい》したのか、家来たちに具足を脱ぎ捨てるように命じたが、誰も命令を聞かなかった。道具衆（足軽）の横山休内が義弘の具足を野原に打ち捨てるのはもったいないと拝領を願い出て許された（『旧記雑録後編三』三六一号）。

小具足だけと身軽になった義弘は花色の木綿合羽《かっぱ》を着け、同色の木綿の手拭《てぬぐ》いで髪を包むといういでたちとなった。またこの前後、「一本杉」の馬標も目立つので切り折っている（右同書一三五二号）。

長束正家が付けてくれた嚮導一騎はこの駒野峠越えまで同道しており、明け方に義弘主従と別れている。峠を越えた義弘主従は養老山地の反対側の西麓に達した。それがどこなのか、『旧記雑録後編三』所収の覚書・書上などでもよくわからない。推定するに、三重県の県北、いなべ市北勢《ほくせい》町田辺《たなべ》あたりと思われる。

問題は、ここからの義弘主従の進路である。筆者が同行した踏破隊はここから伊勢路を南下せずに近江方面に向かった。すなわち、多良《たら》から時山《ときやま》（ともに岐阜県大垣市上石津《かみいしづ》町）を経て、近江との国境の五僧《ごそう》峠の難所を越えて高宮宿（滋賀県多賀《たが》町）に出るルートである。これも実際に歩いてみて、駒野峠に劣らぬ難所だった。同行した踏破隊の指導者窪田廣治氏の話では、過去の踏破時には台風のために山道がなくなっていたこともあったという。

山を下りた高宮は石田三成の居城佐和山から南東に二里ほどしか離れていない。これが現在では「島津の退き口」ルートの通説になっている。たとえば、山本博文氏『島津義弘の賭け』に添付された退き口経路も、関ヶ原↓高宮↓水口というルートになっている。さらに山本氏の同書には次のような記述さえある。

「一行は伊勢方面をめざして進み、鈴鹿峠を越え、合戦当日（十五日）夜の六つ時分（午後六時頃）におそらくは伊勢の関についた。そこから駒野の坂へ向かい、四つ時分（午後十時頃）に駒野峠にいたった」（二五三頁）。

山本氏の主張するルートは大きな矛盾に満ちている。いったん近江高宮に出てから伊勢方面をめざし、水口↓鈴鹿峠↓関↓駒野峠というルートをたどったら関ヶ原に戻ってしまい、とても薩摩《さつま》には帰れそうもない。それとも伊勢の関（関地蔵）より南方もしくは西方に、別の駒野峠があるのだろうか。仮にそうだとしたら、午後二時頃に関ヶ原の戦場を離脱した島津勢が関ヶ原から近江路を迂回《うかい》して、しかも五僧峠と鈴鹿峠という難所を越えて、わずか八時間で、この「駒野峠」に到着できるとはとても思えない。山本氏の同書は島津義弘の優れた伝記であるが、「退き口」に関してだけはいただけない。

島津方の根本史料『旧記雑録後編三』によるかぎり、義弘主従が近江方面に突出して高宮に出たとはどうしても思えない。また高宮経由説がおかしいと思うのは、石田三成の居城である佐和山に好き好んで近づくはずがないということである。義弘主従が高宮を通過したとすれば、翌十六日になる。主《あるじ》のいない佐和山城が東軍の総攻撃にさらされている真っ最中で

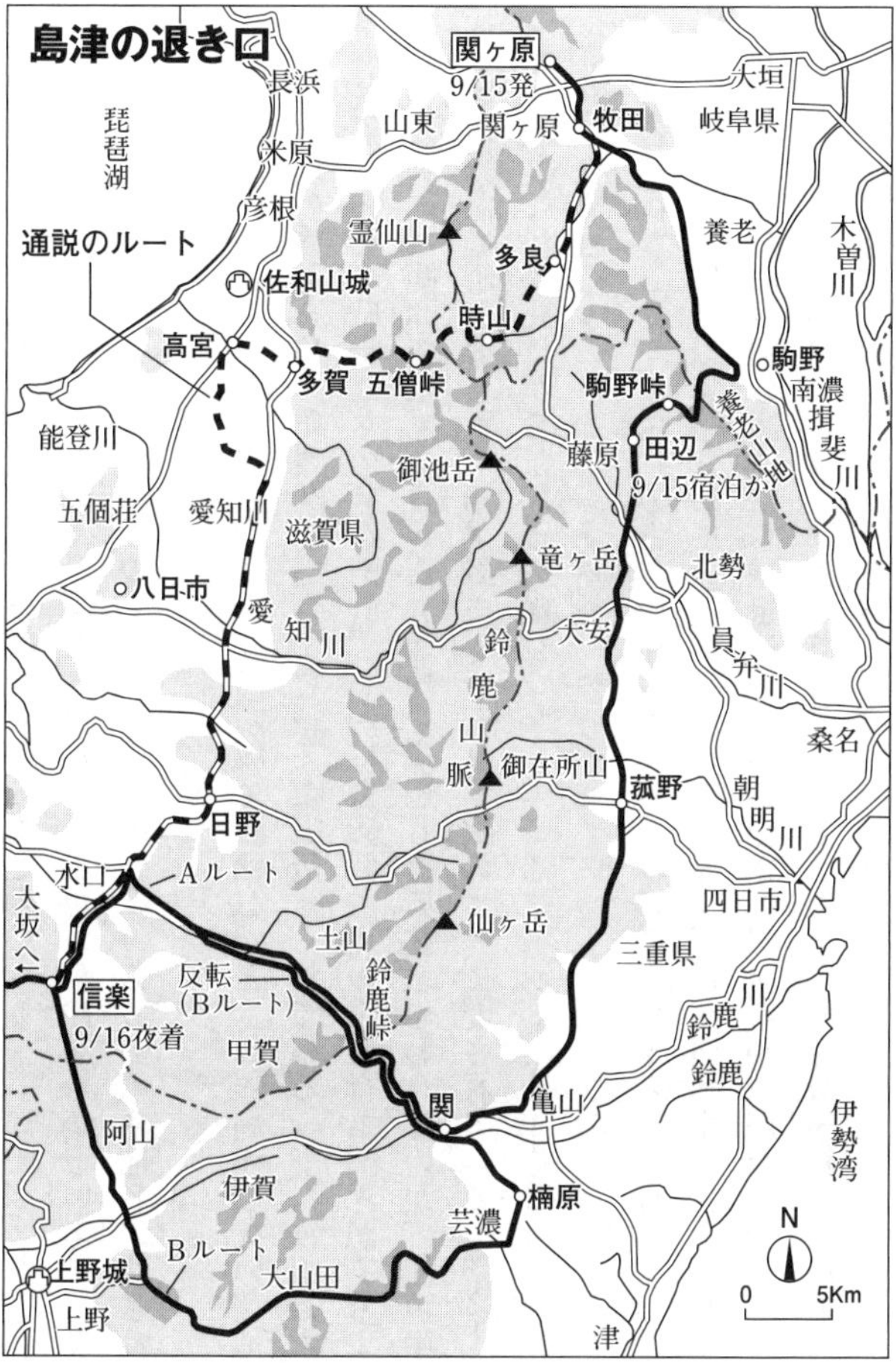
島津の退き口
関ヶ原
9/15発
長浜
琵琶湖
山東
関ヶ原
牧田
大垣
岐阜県
米原
彦根
霊仙山
養老
通説のルート
多良
木曽川
佐和山城
時山
高宮
多賀
五僧峠
駒野
駒野峠
南濃
揖斐川
養老山地
能登川
田辺
藤原
御池岳
9/15宿泊か
五個荘
愛知川
滋賀県
竜ヶ岳
北勢
八日市
愛知川
大安
鈴鹿山脈
員弁川
桑名
御在所山
菰野
朝明川
日野
水口
Aルート
四日市
大坂へ
仙ヶ岳
土山
三重県
反転
(Bルート)
信楽
9/16夜着
鈴鹿峠
鈴鹿川
甲賀
鈴鹿
関
亀山
阿山
伊勢湾
伊賀
楠原
芸濃
N
Bルート
上野城
大山田
0
5Km
上野
津

ある。義弘主従はそのようなリスクを当然回避したと思われる。

にもかかわらず、なぜこのような成立しがたい通説がまかり通るかといえば、ひとつには、多良→時山→五僧峠→高宮というルートには島津氏と縁《ゆかり》のある伝承や地名が残されていることと無縁ではない。

たとえば、多良にある瑠璃光寺《るりこうじ》には、烏頭坂で討死したとされる島津豊久の墓地と位牌《いはい》があり、瀕死の重傷を負った豊久が当寺で息絶えたと伝えられている。また牧田の琳光寺《りんこうじ》には長寿院盛淳と無名戦士たちの墓があり、いかにも義弘主従の逃避行と関係があるようにみえる。また調べた範囲では、多良から五僧峠を通過した典拠と思われるのが、江戸中期に島津氏の家臣得能通昭が著した「西藩野史」であり、次のように記されている（巻之十四）。

「敵を破りて伊勢路に至らば、後の憂ひなからん、ここにおいて東軍を破り、牧田より土岐《とき》多羅山《たらやま》に向ひ退く」。

「土岐多羅山」とは、すでにみた「時山」や「多良」のことであろう。同書では「土岐多羅山」から先が中抜けで省略されているが、地理的にみて、近江路へ出たことを暗示している。

しかし、同書には別の箇所にも退き口の経路が記されているが、かなりでたらめな内容で、信用するに足りない。やはり、同書よりも先に成立した『旧記雑録後編三』所収の生き残りの者たちの覚書や書上のほうがはるかに信頼性が高い。

たとえば、「桐野掃部助覚書抜書」には「明くるの十六日には伊勢路の様《よう》（方向）に御供申し候」とある。つまり、駒野峠越えののち、夜が明けてから「伊勢路」をめざしたことになる。また何度か引用した「大重平六覚書」にも駒野峠越えののち、「伊勢路をば心ざしお除《の》きなされ候」とか、「それより伊勢・近江・伊賀《いが》お通りに候、伊賀のしからき（信楽）と申すところに一宿なされ候」とある。この通過順序が重要である。これに従うなら、近江高宮を経由することはありえない。

二次的な編纂物だが「義弘公御譜」にも「すでに伊勢徑路《けいろ》を過ぎ、近江州に到《いた》る、日未だ西山に傾かず、水口城辺に過ぐるを得ず、山中に忍び隠れて、日没を待つ、（中略）伊賀へ到りて一宿」とあり、「伊勢徑路」から（鈴鹿峠を越えて）「近江州」にいるルートを選んでいることがわかる。『旧記雑録後編三』所収の史料群によれば、十六日夜、義弘主従が「伊賀の内しからき」に宿泊したのは確実である。ただし、これは伊賀ではなく、近江国甲賀《こうか》郡信楽《しがらき》の間違いであろう。

じつは伊勢路からどのようなルートで信楽に達したのか、諸史料が錯綜《さくそう》して矛盾していたり、記述の省略があったりして判然としない。あえて整理すれば、次の二つのルートが浮かび上がる。

A・関地蔵↓鈴鹿越え↓土山《つちやま》↓水口↓信楽（「惟新公関原御合戦記」「大重平六覚書」）

B・関地蔵↓水口あたり（反転）↓楠原《くすはら》↓大山《おおやま》↓信楽（「神戸久五郎覚書」「新納忠元勲功記」）

なぜ二つのルートの違いが生じたかといえば、Aでは水口に関所が設けられていたのを強行突破したとし、Bでは京都方面に出ようとしたら、すでに東軍が先んじていたという噂《うわさ》があったので反転したという点が異なる。

Bの場合、楠原は現在の三重県津《つ》市芸濃《げいのう》町（亀山《かめやま》市関《せき》町の南）にある同名の地名に比定されるが、ここからだと加太《かぶと》越えで伊賀に入ることになる。大山は加太越えの先、阿山《あやま》（現・伊賀市槇山《まきやま》）に比定できるかもしれない。あるいは伊賀市大山田《おおやまだ》であろうか。

さて、信楽で一泊したあとの義弘主従の進路だが、これもよくわからない。「大重平六覚書」によれば、「大和・河内《かわち》・和泉《いずみ》をお通りなされ、平野《ひらの》より堺《さかい》の住吉《すみよし》は一里なり」とあり、大和盆地を通過して、十七日夜には摂津平野に達している（右同書一四〇八号）。

また「桐野掃部助覚書抜書」は日付が不正確だが、「伊賀国川はた」を通り、山城《やましろ》と大和の国境と思われる「和城の国かきか越」をし、その夜「飯森の在所に一泊したとある（右同書一四〇一号）。「かきか越」は峡崖《かいがけ》越のことで、現在の傍示《ぼうじ》越（現・大阪府交野《かたの》市）だと思われる（中村武生氏ご教示）。「飯森の在所」は飯盛山のあたり（現・大阪府大東《だいとう》市）だろう。

義弘主従は信楽から木津川沿いに下って、笠置山から木津の渡しを経由して西進し、生駒山地を越えて飯盛山に達したのだろう。

この道中も艱難辛苦《かんなんしんく》の連続だった。百姓たちに前途を塞がれたり追われたりした。「帖佐彦左衛門宗辰覚書」によれば、兵粮《ひょうろう》不足に苦しみ、義弘さえも「雑穀の麁飯《あらめし》を召し上」ったり、「或《あるい》は御無飯」だったりした。義弘も追われる身なので変装もした。「古き木綿の道服《どうふく》に上よりお帯を結び給ふ、破れ菅笠《すげがさ》の凹成《おつなり》をめさせ、下人の男にお姿をにせ給ふ」というみすぼらしさだったという。

十九日夜、飯森山から平野を経由し、住吉に潜行した義弘主従はかねて懇意の商人田辺屋道与《どうよ》(棚辺屋道誉)に匿《かくま》ってもらい、さらに二十日夜、堺商人の塩屋孫《しおやまご》右衛門《えもん》宅に潜んだ。そして二十二日朝、堺から船で大坂に向かい、大坂城内に人質になっていた義弘夫人広瀬《ひろせ》氏と嫡子《ちゃくし》忠恒《ただつね》夫人(島津義久三女亀寿《かめじゅ》)を取り戻して一路、国許へと出帆した。

その後の旅程も決して平穏ではなかった。豊後森江《ぶんごもりえ》(大分県杵築《きつき》市守江《もりえ》港《こう》)では黒田如水の軍船に襲撃されて船合戦になり、伊集院久朝《いじゅういんひさとも》・有川貞春《ありかわさだはる》・比志島国家《ひしじまくにいえ》など三八人が討死し、女性たちが捕虜になった。

日向細島《ほそしま》に入港したのが二十九日。陸路で国許に向かう途中、今度は永年の宿敵だった伊東氏の旧臣稲津祐信《いなづすけのぶ》らが黒田如水と結んで義弘主従の前途を遮った。そのため、主従は佐土原《さどはら》で豊久の戦死を遺族に報告したのち、山路寄りの道をとり、八代《やつしろ》(現・宮崎県東諸県《ひがしもろかた》郡国富町《くにとみ》）や大窪《おおくぼ》（現・宮崎市都城《みやこのじょう》市高城町《たかじょう》）にそれぞれ一泊して、ようやく兄義久《よしひさ》（龍伯《りゅうはく》）の居城、大隅富隈《おおすみとみのくま》に入城した。

これが十月三日で、関ヶ原の敗戦からじつに一八日目のことだった。じつに惨憺《さんたん》たる逃避行だった。

余談になるが、義弘と兄義久との対面が面白い。「義久公御譜」によれば、義久が「慶賀に達せず、而して艴然《ふつぜん》として悦《よろこ》ばず」とある。「艴然」とはムッとして怒ることである。さらに義久は「今石田氏の暴に随《したが》ふは、実に一口両舌の誡《いまし》め」であり、「士たる者の耻《はじ》たる所以《ゆえん》なり」とまで断じている（右同書一一八七号）。

義久は弟が言いつけに従わずに西軍についたことが気に食わなかった。これには釈明したい点が多々あった義弘だが、ただ恐懼《きょうく》するほかなかった。ともあれ、義弘は多数の犠牲を払いながらも「退き口」を完遂し、その武辺は後世に伝えられることになった。

ＪＲ伊集院駅前にある島津義弘の像（鹿児島県日置市）

あとがき

関ヶ原合戦はわが国の戦史上、空前の規模の戦いだけに、歴史ファンの関心も高い。しかし、その割には世紀の凡戦ではないかという気がする。

実際の戦いはわずか数時間で終了したという。前半は西軍が押していたが、後半東軍が盛り返し、小早川秀秋の裏切りにより大勢が決したというのが通説的な見方である。

この通説にも疑問がある。本当は二一番目の【謎】として取り上げたかったくらいだが、じつは島津氏の史料（退き口の生き残りの手記）には、わずか「一時」（約二時間）で石田勢が崩れたと書かれているのだ。戦場での時間の感覚は怪しいので、その記述が正しいのかどうか確証がもてないが、もしそうだとすれば、西軍は何の見せ場もなく、あっけなく総崩れになったことになる。これでは身も蓋もないが、実際の合戦はそんなものかもしれないとも思う。

石田三成の絶筆と思われる増田長盛宛ての書状（九月十二日付）は、西軍将兵の士気の低さをあれこれ指摘する嘆き節に満ちている。三成はそんな精神状態で最後の決戦に臨んだのかと思うと、いささか同情を禁じえない。

ほかにも、自分の愛妻の身の安全のために出陣を拒絶する前田利政、弟の大名らしからぬ進退を見て、家老に愚痴をこぼす兄利長など、大名たちの意外な一面が面白い。

関ヶ原合戦は戦国のあまたある合戦のなかでも、赤裸々な人間模様がかいま見える。そのあたりの面白さを堪能するのも一興である。

最後に本書刊行で尽力していただいた二人に御礼を述べたい。アスキー・メディアワークスの『歴史魂』編集長の長谷川真さんには、かつて拙著を購読された縁から声をかけていただいた。またブルボンクリエイションの小出文彦さんには長谷川さんを紹介していただいただけでなく、歴史関係出版物の豊富な編集経験からいろいろなアドバイスをいただいた。記して謝意を表します。

二〇一一年十二月二十五日　　　　著者識

参考文献

【史料】

『浅野家文書』　大日本古文書家わけ第二　東京帝国大学
「石田三成関係史料」『新修　彦根市史』五　史料編　古代・中世　彦根市
「惟新公関原御合戦記」『島津史料集』　北川鉄三校注　人物往来社
『上杉家御年譜』三　米沢温故会編　原書房
「浮田家分限帳」『続群書類従』第二十五輯・上　続群書類従完成会
『太田和泉守記』　太田牛一　蓬左文庫所蔵
『岡山県古文書集』第三輯　藤井駿・水野恭一郎編　思文閣出版
「落穂集」『日本戦史　関原役』補伝　参謀本部編　村田書店
「加賀古文書」『加賀藩史料』第一編　前田育徳会　清文堂出版
『加賀藩史稿』　永山近彰　尊経閣
「可観小説」『加賀藩史料』第一編　前田育徳会　清文堂出版
「菅利家卿語話」『加賀藩史料』第一編　前田育徳会　清文堂出版
『義演准后日記』第二　史料纂集　弥永貞三・鈴木茂男校訂　続群書類従完成会

『旧記雑録後編三』 鹿児島県史料 鹿児島県維新史料編さん所編 鹿児島県
『黒田家文書』一・本編 福岡市博物館編・発行
「慶長記」『家康史料集』戦国史料叢書6 小野信二校注 人物往来社
『高山公実録』上・下巻 上野市古文献刊行会編 清文堂出版
「高徳公遺誡」『加賀藩史料』第一編 前田育徳会 清文堂出版
「古今消息集」『関ヶ原合戦史料』 藤井治左衛門 新人物往来社
「国初遺文」『加賀藩史料』第一編 前田育徳会 清文堂出版
「古心堂叢書利家公夜話首書」『加賀藩史料』第壱編 前田育徳会 清文堂出版
「佐々部一斎留書」『関原陣輯録』所収 『毛利史料集』戦国史料叢書9 三坂圭治校注 人物往来社
『真田家文書』上巻 米山一政編 長野市
『舜旧記』第一 史料纂集 鎌田純一校訂 続群書類従完成会
「象賢紀略」『加賀藩史料』第一編 前田育徳会 清文堂出版
『史料綜覧』巻十三 東京大学史料編纂所編 東京大学出版会
『新訂 寛政重修諸家譜』 続群書類従完成会
『新訂 黒田家譜』第一巻 川添昭二ほか編 文献出版

『新訂 徳川家康文書の研究』中巻 中村孝也 日本学術振興会
『新編 藩翰譜』第一巻 新井白石 人物往来社
「瑞龍公親翰」『加賀藩史料』第一編 前田育徳会 清文堂出版
『図説 直江兼続―人と時代―』 米沢上杉文化振興財団編 天地人2009実行委員会・米沢上杉文化振興財団
「西藩野史」『新薩藩叢書』二 歴史図書社
『関ヶ原合戦史料集』 藤井治左衛門 新人物往来社
『関原軍記大成』一～四 黒川真道編 国史研究会
「関原御合戦当日記」『関ヶ原合戦史料集』 藤井治左衛門 新人物往来社
「関原始末記」『改訂史籍集覧』第二十六冊 近藤活版所
「関屋政春古兵談」『加賀藩史料』第一編 前田育徳会 清文堂出版
『続武者物語』『直江兼続伝』所収 木村徳衛 私家版複製
「台徳院殿御実紀」『徳川実紀』第一篇 新訂増補国史大系 黒板勝美編 吉川弘文館
『伊達治家記録』二 仙台藩史料大成 平重道責任編集 宝文堂
『伊達政宗卿伝記史料』 藩祖伊達政宗公顕彰会 文献出版
「袂草」『加賀藩史料』第一編 前田育徳会 清文堂出版

『定本 名将言行録』上　岡谷繁実編　人物往来社
「東照宮御事蹟」『朝野旧聞裒藁』第九・十巻　内閣文庫所蔵史籍叢刊　戸田氏栄ほか編　汲古書院
「東照宮御実紀」『徳川実紀』第一篇　新訂増補国史大系　黒板勝美編　吉川弘文館
「天寛日記」『加賀藩史料』第一編　前田育徳会　清文堂出版
『東国太平記』『通俗日本全史』第十七巻　早稲田大学編輯部編　早稲田大学出版部
『当代記』『史籍雑纂』二　国書刊行会編　続群書類従完成会
「豊臣秀吉遺言覚書案」『古文書集』三　早稲田大学蔵資料影印叢書　滝沢武雄編集　早稲田大学出版部
「長政記」『黒田家譜』第一巻　巻之十・十一　川添昭二ほか校訂　文献出版
「新納忠元勲功記」『旧記雑録後編三』　鹿児島県維新史料編さん委員会編　鹿児島県
『萩藩閥閲録』一〜三・遺漏　山口県文書館編　マツノ書店復刻
「備前軍記」『吉備群書集成』　田中誠一編纂　吉備群書集成刊行会
「備忘録」『加賀藩史料』第一編　前田育徳会　清文堂出版
「武徳安民記」『関ヶ原合戦史料集』　藤井治左衛門　新人物往来社
「細川忠興軍功記」『改訂史籍集覧』第十五冊　近藤瓶城編　近藤活版所

「前田出雲覚書」『加賀藩史料』第一編　前田育徳会　清文堂出版
「三壺記」『加賀藩史料』第一編　前田育徳会　清文堂出版
「三壺聞書」『石川縣史』一　石川県
「美濃国諸旧記」『美濃国曙旧記 濃陽諸士伝記』黒川真道編　国史研究会
「村井長頼覚書」『加賀藩史料』第一編　前田育徳会　清文堂出版
「村井長時筆記」『加賀藩史料』第一編　前田育徳会　清文堂出版　輶
「鳴鶴集」『加賀藩史料』第一編　前田育徳会　清文堂出版
『綿考輯録』第二巻・忠興公（上）石田晴男ほか編　汲古書院
『毛利家文書之三』大日本古文書家わけ第八　東京帝国大学
「毛利三代実録考証」『山口県史』史料編近世1下　山口県
「最上義光物語」下『続群書類従』第二十二輯上　続群書類従完成会
『吉川家文書之二』大日本古文書家わけ第九　東京帝国大学

【自治体史・辞典など】

『岩手県史』第五巻・近世篇2　岩手県　一九六三年
『新潟県史』通史編2・中世　新潟県　一九八七年

『早島の歴史』３・史料編　早島町史編集委員会編　早島町　一九九九年
『山形県史』第二巻・近世編上　山形県　一九八五年
『米澤市史』　登坂又蔵編　米澤市役所　一九四四年
『米沢市史』第二巻・近世編１　米沢市史編さん委員会　一九九一年
『日本国語大辞典』（第一版）　日本大辞典刊行会編　小学館

【論著】

阿部勝則「豊臣五大老・五奉行についての一考察」『史苑』一四二号　一九八九年
池田公一「大谷刑部と前田利長」　花ヶ前盛明編『大谷刑部のすべて』　新人物往来社　二〇〇〇年
今井林太郎『石田三成』新装版　人物叢書吉川弘文館　一九八八年
今福　匡『直江兼続』　新人物往来社　二〇〇八年
煎本増夫「徳川氏の関東入国」『江戸幕府と譜代藩』　雄山閣出版　一九九六年
内田九州男「関ヶ原合戦前夜――秀吉死後の諸大名の動静――」『別冊歴史読本　石田三成』　新人物往来社　一九八九年一二月号
大西泰正『豊臣期の宇喜多氏と宇喜多秀家』　岩田書院　二〇一〇年

笠谷和比古『関ヶ原合戦――家康の戦略と幕藩体制――』講談社選書メチエ　一九九四年
同右『関ヶ原合戦と近世の国制』思文閣出版　二〇〇〇年
神谷道一『関原合戦図志』一八九二年
北島万次『豊臣政権の対外認識と朝鮮侵略』校倉書房　一九九〇年
木村徳衛『直江兼続伝』私家版複製　一九六九年
桐野作人『関ヶ原 島津退き口』学研新書　二〇一〇年
桑田忠親『石田三成』講談社文庫　一九八二年
寺尾克成「宇喜多秀家――関ヶ原合戦時の秀家の動向――」『歴史読本』二〇〇〇年三月号
　新人物往来社
橋場　明「大垣城水攻めは可能だったか？」歴史群像シリーズ・戦国セレクション『決戦
関ヶ原』学習研究社　二〇〇〇年
藤井譲治「徳川秀忠――〝後方平定〟任務であった真田攻め――」歴史群像シリーズ【戦
国】セレクション『決戦関ヶ原』学習研究社　二〇〇〇年
二木謙一『関ヶ原合戦』中公新書　中央公論社　一九八二年
堀越祐一「豊臣『五大老』『五奉行』についての再検討――その呼称に関して――」『日本
歴史』六五九号　二〇〇三年

宮本義己「〝直江状〟の信憑性」『歴史読本』一九九八年八月号　新人物往来社
山本博文『島津義弘の賭け』読売新聞社　一九九七年
渡辺世祐監修『毛利輝元卿伝』三卿伝編纂所編　マツノ書店　一九九九年

桐野作人（きりの・さくじん）
1954年鹿児島県生まれ。歴史作家・歴史研究者。歴史関係の出版社編集長を経て独立、戦国・織豊時代、幕末維新を中心に執筆活動を行う。豊富な史料に裏打ちされた独自の視点は読者や学界からも評価されている。現在、南日本新聞で「さつま人国誌」を連載中。主な著書に『島津義久』『だれが信長を殺したのか』(PHP研究所)、『関ヶ原 島津退き口』(学習研究社)、『さつま人国誌　戦国・近世編』(南日本新聞社)、『織田信長–戦国最強の軍事カリスマ–』(新人物往来社) など多数。

編集協力＝有限会社ブルボンクリエイション、吉沢多栄子

本書に掲載している情報及びデータは、2012年1月20日現在のものです。

アスキー新書　208

謎解《なぞと》き 関《せき》ヶ《が》原合戦《はらかっせん》

戦国最大《せんごくさいだい》の戦《たたか》い、20の謎《なぞ》

2012年2月10日　初版発行

著　者　桐野作人

発行者　髙野 潔

発行所　株式会社アスキー・メディアワークス
〒102-8584　東京都千代田区富士見1-8-19
電話（編集）0570-064008

発売元　株式会社角川グループパブリッシング
〒102-8177　東京都千代田区富士見2-13-3
電話（営業）03-3238-8605（ダイヤルイン）

装　丁　緒方修一

印刷・製本　凸版印刷株式会社

ISBN978-4-04-886074-1　C1221